日本語表現法

新訂版

21世紀を生きる社会人のたしなみ

JAPANESE

EXPRESSION

庄司　達也

山岸　郁子

小野　美典

安達原達晴

翰林書房

日本語表現法 CONTENTS

21世紀を生きる社会人のたしなみ

◆カバーデザイン／須藤康子（島津デザイン事務所）　◆本文デザイン／石原　亮

はじめに

　私たちのさまざまな活動は、そこに関わる技術の進歩や革新と共にその歩みを刻んでいます。言語による表現活動も、その道具とするものの変化に大きく影響を受けながら、今日の姿を形作ってきたといえるでしょう。筆からペンへ、そして鉛筆や万年筆からパーソナルコンピュータへと、言語を筆記する道具の変化が私たちの表現活動を必然的に変化させてきたのです。

　本書の初版の発行から 12 年、改訂版の発行からも 8 年がたちました。その間、教育の現場での表現教育はもとより、私たちの日常の表現活動も大きく変化しました。この度の改訂作業では、PC やスマートフォンなどの活用を積極的に取り入れている教育現場や私たちの日常の在り方を見据え、その現状に対応すべく章立てから見直しました。本書が、道具の変化が表現する主体の変化をも招来している現実の中で、より豊かな表現活動を志向する方々に寄与する 1 冊となることを願っています。

　　2019 年 10 月

庄司達也

山岸郁子

小野美典

安達原達晴

◆第1章

まずは書いてみよう
書くために知っておきたい知識

課題1 次の題名・所属・番号・氏名で、小論文を書き始めたい。付録①aの原稿用紙に、題名・所属・番号・氏名を、正しく書きなさい（Aは横書き、Bは縦書きとする）。

A　題名　19世紀の大衆化社会の功罪
　　所属　社会学科
　　番号　22A0158
　　氏名　佐藤陽子

B　題名　西行説話の形成
　　副題　――『撰集抄』を中心に――
　　所属　文学部日本文学科
　　番号　〇八三一
　　氏名　山田健一郎

課題2 次は、夏目漱石の『三四郎』の6章冒頭部分を、漢字・記号を使わずに仮名とアルファベットだけで記したものである。これを、付録①bの原稿用紙に、縦書きで書き改めなさい。なお、漢字・記号を適切に使い、原稿用紙の使い方に則って書くこと。登場人物の「よじろう」の漢字表記は「与次郎」である。

ベルがなってこうしはきょうしつからでていったさんしろうはインキのついたペンをふってノートをふせようとしたするととなりにいたよじろうがこえをかけたおいちょっとかせかきおとしたところがあるよじろうはさんしろうのノートをひきよせてうえからのぞきこんだstray sheepというじがむやみにかいてあるなんだこれはこうぎをひっきするのがいやになったからいたずらをかいていた

解　説

　文章を書くときには、守るべき一定のルールが存在する。それらは、長い年月の間に習慣化されて成り立ってきたものである。非常に形式的なものであるが、「相手に読みやすくするため」「相手に誤読させないため」「相手に内容をわかりやすく伝えるため」などの目的で、使われている。

　これらのルールを無視した文章であっても、読み手が努力して読み取ろうとすれば、それなりに内容を理解することは可能である。しかし、そのような「読み手に努力を強いる文章」は、よい文章とは言えない。

　本章では、文章を書くときの基本的ルールに関して学習することにする。

(1) 原稿用紙の使い方————◆

　縦書きも横書きも、１マス１字、楷書体で書く。鉛筆・万年筆など指定された筆記用具を用い、誤字・脱字・あて字などがないように注意する。漢字は、常用漢字の範囲内で用いる。常識的な漢字を仮名書きにするのは見苦しい。

　表題・氏名などの記入位置が指定されている場合は、その指示に従って書く。指定されていない場合は、次の要領で書くのが一般的である。

　a　１行目は空白にする（枚数が少ない場合は、１行目から表題を書いてもよい）。

　b　２行目に表題を書く。その時は冒頭を２〜３マス空ける。１行に収まらない場合は、文節の切れ目などに注目して、行末が２〜３マス程度空くように配慮し、次の行に続きを書く。表題は、行末まで埋めないのが一般的である。

　c　３行目に所属・番号・氏名などを書く。所属・番号などが長い場合は、これらを３行目に書き、氏名を４行目に書いてもよい。氏名は、姓と名の間を１マス空けるのが一般的である。また、氏名の末尾は１〜２マス空ける。

　d　本文は、氏名の次の行を１行空白にしてから書き始める。

〔**参考**〕原稿用紙のマスの使い方は、１マス１字が原則であるが、次の２つの場合は例外として扱う。

・ダッシュ（——）は２マス用いる。

・原稿用紙を横書きで使用する時には、算用数字とアルファベットの小文字は、１マスに２字書いてよい。

---

(2) 段落と字下げ————◆

　段落の書き出しは、必ず１マス空けてから書き始める。また、本文中に箇条書きを列記する場合は、１〜２マス空けてから、箇条書きを始める。

　引用や会話の次の書き出しも、改行して１マス空けてから書き始めるのが一般的である。ただし、引用や会話が一つの文に含まれる場合は空けない。

＊注　原稿用紙の２枚目の書き出しを１マス空けるのは間違いである。

(3) 禁則————◆

　原稿用紙を使う上で、禁じられている規則。「行頭禁則」と「行末禁則」がある。

① 　行頭禁則

　　句読点（。、）と閉じる役割のかぎやかっこ（」』）］｝〉）は行頭では用いない。この場合、次のＡＢ２つの処理の仕方がある。

A　行の最後のマスに文字と一緒に詰めて書く。

B　行の最後のマスの外にマスがあるものと想定して、そこに書く。

　学校教育での作文授業では、Aが一般的である。Bは、近年徐々に見られるようになった処理方法である。特別な指導・指示がなければ、Aで処理するのが無難である。

② 　行末禁則

　開く役割のかぎやかっこ（「『（〔｜〈）は行末のマスに単独では用いない。この場合、次のAB２つの処理の仕方がある。

A　次の文字と一緒に詰めて行末に書く。

B　行末は空白にして、次の行の冒頭に入れる。

　なお、この行末禁則は、行頭禁則ほど強制力の強い規則ではなく、禁則としない立場もある。

⑷ **句読点**————◆

　文を読みやすくするための記号の１つ。句点（。）と読点（、）をあわせて、句読点と呼ぶ。句点は使用する箇所がほぼ決まっており、制約の強い記号であるが、読点の使用についてはその多くが書き手の裁量に任されている。読点を打つ位置によって、文意が変わることもある。読点の打ち方には注意が必要である。

① 　句点の用い方

　　a　文の末尾には原則として用いる（末尾が！？のときは不要）。

　　b　箇条書きの条文で、文形式で書かれている場合は、用いることが多い。

> 〔**参考**〕句点で問題になるのは、かぎかっこの末尾である。
> A　パスカルは、「人間は考える葦である。」と言った。
> B　パスカルは、「人間は考える葦である」と言った。
> 　Aの形は、学校教育の作文授業において指導されている書き方である。一方、Bの形は、新聞・雑誌などで現在一般的に使われている書き方である。どちらの書き方もそれぞれに根拠があるが、現在はどちらかといえばBの形式が一般化している。

② 　読点の用い方

　読点を用いる際の明確な基準はないが、習慣的に次のような場合に用いる。いずれの場合も、「どこに読点があれば理解しやすいか」、「どこに読点があれば誤読が避けられるか」といった観点から打たれる。わかりやすい文章を書くためには、読点を上手に用いる必要がある。

　　a　比較的長い主語のあと、文の主題となる語のあと

　　　〔例〕枕もとの花瓶に生けられている梅の花が、克子の心を明るくさせた。

　　b　連用中止法となっている連用形のあと

　　　〔例〕１人の旅人が、どこからともなく現れ、そして立ち去って行った。

　　c　接続助詞のあと

　　　〔例〕忘れ物は後日取りに行きますので、それまで保管しておいてください。

d 文頭で用いる接続詞・副詞・感動詞のあと

〔例〕 ああ、素晴らしい眺めだ。

e 対等に並べる語句の間（名詞や短い語句の時は中点（・）を使う方がよい）

〔例〕 1月7日の人日、3月3日の上巳、5月5日の端午、7月7日の七夕、9月9日の重陽を「五節供」と呼ぶ。

f 語句を隔てて修飾するとき

〔例〕 当局の、○○事件への対応は、遅きに失した感が否めない。

g 読点を打つことによって曖昧さが回避されるとき（読点を除去した文を先に示す）

〔例1〕 ここにはにわがあった。

ここに、はにわがあった。

ここには、にわがあった。

〔例2〕 大きな帽子をかぶった男が歩いて来た。

大きな、帽子をかぶった男が、歩いて来た。

大きな帽子を、かぶった男が、歩いて来た。

〔例3〕 私は彼女と話しながら自動車を運転している英之を見かけた。

私は、彼女と話しながら自動車を運転している英之を見かけた。

私は彼女と話しながら、自動車を運転している英之を見かけた。

(5) 繰り返し記号————◆

「踊り字」とも呼ばれ、古来さまざまな記号が使われて来たが、現在は、漢字1字の繰り返しを示す「々（同の字点）」が専ら使われている。他の繰り返し記号（ゝ ゞ ⟨ など）は、一般には使われない。

〔例〕 山々　日々　人々　堂々と

「々」は漢字1字の繰り返し記号としてのみ用いる。次のような複合語や2語の連接には用いない。

〔例〕 民主主義　硬式野球部部長　懇親会会場

また近年は、「人々」などは「人びと」と書く傾向も強まっている。「日々」は「日び」と書くと分かりにくいので、「日々」が一般的である。なお、繰り返し記号のところで次の行にまたがる場合は、もとの漢字を用いるのが好ましい。

(6) 横書きと縦書き————◆

原稿用紙を横書きで使用する場合と縦書きで使用する場合とでは、大きな違いはないが、次のような点に注意する。

a 数字は、縦書きでは漢数字、横書きでは算用数字を使用する。横書きの算用数字は、1マスに2字書くのが一般的である。縦書きでは、数字部分だけを横書きとして書くこともある。

b 横書きのアルファベットは、大文字は1マスに1字、小文字は1マスに2字書く

のが一般的である。縦書きでは、アルファベット部分だけを横書きとして書くこともある。

c　横書きの句読点は「。」「、」でよい。「．」「，」を使う場合もあるので、そのときは指示に従う。

d　横書きでは、かぎかっことして「"」「"」を使ってもよい。

資料　その他の記号の用い方

その他の記号の名称と、その主な用法を以下に示す。これらは、使い方が厳密に規定されているわけではなく、慣用的に用いられるようになったものがほとんどである。

？（ぎもんふ）——疑問の意を表わしながら文を終止する。個人的な手紙・メールや文芸作品では効果的に使われる場合もあるが、論文などでは避けた方がよい。文末で使用した場合は次の1マスを空ける。？と！は終止符としての機能も有するので、その後に句点を用いることはしない。

！（かんたんふ）——感動の気持ちや、命令・希求・強調・警告などの様々な意を表わしながら文を終止する。「？」と同様に論文などでは避けた方がよい。使用した場合は、次の1マスを空ける。

・（なかてん・なかぐろ）——名詞や短い語句の列挙。外来語の人名・地名など。縦書きでは、称号を略した時や日付・時刻、また小数点として用いることもある。

〔例〕中学・高校・大学の地域間格差　　レオナルド・ダ・ヴィンチ

＊注　外来語の人名・地名などは、「ヴァスコ＝ダ＝ガマ」「オスマン－トルコ」といった書き方もする。

「　」（かぎ・ひとえかぎ・かぎかっこ）——会話を示す。引用を示す。注意喚起を示す。

『　』（ふたえかぎ・にじゅうかぎかっこ）——書名を示す。「　」の中での会話・引用を示す。

＊注　「　」『　』は作品名・雑誌名などにも用いられる。通常、単行本・雑誌や個々の独立した1作品（演劇・映画の題名など）には『　』を用い、論文集・雑誌などに掲載された論文名には「　」を用いる。

（　）（まるかっこ・しょうかっこ・パーレン）——補足説明や注記を示す。

＊注　ほかにも、〔　〕（かくかっこ・だいかっこ）・｜｜（なみかっこ・ちゅうかっこ）・〈　〉（やまかっこ）・〔　〕（きっこうかっこ）などがあるが、同様の使い方をする。かっこが多すぎると読みにくい文になりがちなので注意する。1つの文章内では、かっこは統一して用いる。

【　】（すみつきかっこ）——タイトルや見出しの提示。強調。メールの件名の注意換気。

－（ハイフン）——外国語や外来語の複合語を示す。半角で用いることも多い。

〔例〕e-mail

〜（なみダッシュ）——数量の幅を示す。

〔例〕「4月29日〜5月5日は、閉館します」

…（てんせん・さんてんリーダー）――省略を示す。余韻を持たせる。

＊注　読み手に推測することを求めるので、文芸作品やプライベートな文章では効果的だが、論文などでは用いない方がよい。使用した場合は、「……」のように２つ重ねて用いるのが一般的である。

――（なかせん・ダッシュ・ダーシ）――補足説明の挿入を示す。行頭に用いて、引用を示す。時間の経過を示す。

＊注　原稿用紙では、２マス用いる。

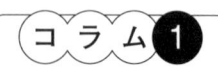 **段落の役割**

　最近、提出されたレポートを読んでいて、とても気になることがあります。それは、無闇に改行が多いことです。１段落の長さが２ 〜 ３行程度、それも１文か２文しかない、あるいは１行の段落が幾つも続く、ということが多くあるのです。それは何故だろうかと当の学生に尋ねてみると、スマートフォンで書いた文章をメールでパーソナルコンピュータ（PC）に送り、それをそのまま打ち出して提出しているからかも知れない、とのこと。スマートフォンの小さな画面では、何行か書き進むともう画面に文字がいっぱいで、とても窮屈に感じるのだそうです。そして、とても読みにくい。そこで、読みやすい文章にするために、少ない文字数のうちに改行するのだそうです。

　改行（段落が変わるということ）は、１つのまとまりが終わり、新しい話題や内容、思考が始まるということを示します。文章というものは、適切な段落構成を持つことで、まさによりよい文章になるのです。不用意な改行は、適切なまとまりとしてあるべき段落の役割を根本から揺るがすものだともいえます。レポートや論文では、文章の論理的な展開が求められますが、そこで段落が果たす役割は決して小さいものではありません。

　使っている道具に振り回されず、適切な長さを持ったいくつかの段落からなる、構成のしっかりとした文章を書いていきましょう。

◆第2章

よい文章を書くために
文章作成法Ⅰ

課題1 次の文には不適切な部分がある。適切な文に書き改めなさい。

A　失敗したプロジェクトの責任者は社長の琴線に触れて左遷となり、それが課内に飛び火して上や下への大騒ぎとなっている。

B　もし時間をかけて実験データの分析をしようとも、このような結果にはならなかっただろう。

C　先生は涙を流しながら立ち去る私たちを見送ってくれた。

課題2 次の文章には、レポート形式の文章としては不適切な部分がある。その部分を指摘し、なぜ不適切なのかを説明しなさい。

ツバルやモルディブなどの国々はサンゴ礁の島々からなっている。そのため、島の周辺は海もきれいで海洋生物のよい生息地となっており、それらを目当てとした観光客の人気も高い。わたしも是非訪ねてみたい。しかし、これらの国々はサンゴ礁ゆえに標高も低く、海面が上昇して水没する危険性があり、早急な対策をしたい。

解説

　ある事実・説明・感情などをあらわす、「語」（単語）の一続きのまとまりを「文」という。原則として文の末尾は句点（。）で終結する。いくつかの「文」が連続して、まとまった事実・説明・感想・思想などを表したものを「文章」という。よい「文章」を書く前提となるのが、正しい「文」を書くことである。そして、よい「文章」を書くためには、文章作成上の基本的ルールを知り、それを様々な状況下で適切に使い分ける技能（スキル）を身につける必要がある。

　本章では、正しい「文」が書けるようになることを目指すとともに、それをレポート・論文・各種公文書など、文章作成上の技能の向上に生かす方法を学習する。

(1)　「文」を書くときの注意点―――◆

　正しい文を書くための注意点を以下にあげる。×は好ましくない文、○は好ましい文である。

① 主語と述語の対応に注意する

× 〔例１〕この化粧品は、植物由来の原料だけで作っている。

○ 〔例２〕この化粧品は、植物由来の原料だけで作られている。

× 〔例３〕私が理想とする教師は、生徒と本音で語りあえる教師になりたい。

○ 〔例４〕私が理想とする教師は、生徒と本音で語りあえる教師である。

○ 〔例５〕私の理想は、生徒と本音で語りあえる教師になることである。

　主語と述語の正しい対応は文を書くときの基本であるが、守られないことも多い。特に１文が長い場合、主語・述語の対応に混乱が見られやすい。また、助詞の「は」には様々な用法があり、ねじれた文を生む原因となることも多い。注意が必要である。

② 文は短い方がわかりやすい

× 〔例１〕1929年10月のニューヨーク株式市場の株価の暴落で、アメリカ合衆国は空前の恐慌に追いやられ、企業の倒産、商業・貿易の不振、金融機関の危機へと波及した。

○ 〔例２〕1929年10月のニューヨーク株式市場の株価の暴落で、アメリカ合衆国は空前の恐慌に追いやられた。そしてその影響は、企業の倒産、商業・貿易の不振、金融機関の危機へと波及した。

　長い文は、主語・述語の対応に混乱が生じやすい。適当なところで切って文を２文にすれば、そうした混乱は生じにくい。そのときには、接続詞や指示語を適切に使うとよい。なお、文芸作品などの特殊な場合を除いて、短い文があまりにもたくさん連なると読みにくくなるので、その点に注意する。

③ 修飾語と被修飾語の関係をわかりやすくする

× 〔例１〕生徒はいつも優しく接してくれる教師を求めている。

○ 〔例２〕生徒は優しく接してくれる教師をいつも求めている。

○ 〔例３〕生徒は、いつも優しく接してくれる教師を、求めている。

○ 〔例４〕生徒が求めているのは、いつも優しく接してくれる教師である。

　例１は、副詞「いつも」が「優しく接してくれる」を修飾しているのか、「求めている」を修飾しているのかがわかりにくい。修飾語は被修飾語の近くに置くのが一般的であるから、「求めている」を修飾するのであれば例２のように書くべきである。「いつも」が「優しく接してくれる」を修飾する文を書くのならば、誤読を避けるために例３のように読点を用いるか、例４のように書き改めるとよい。

④ 呼応関係が決まっている表現に注意する

× 〔例１〕Ｂ班の作成したマニュアルの方が全然完成度が高い。

○ 〔例２〕Ｂ班の作成したマニュアルの方がとても完成度が高い。

× 〔例３〕今から新システムを開発しようとしても、とても新法の発効までには遅れをとるだろう。

○ 〔例４〕今から新システムを開発しようとしても、とても新法の発効までには間に合わないだろう。

　副詞の中には修飾される部分に特定の表現を要求し、それと呼応して全体で１つの

意味をあらわすものがある。これを「陳述（叙述・呼応）の副詞」と呼ぶ。副詞と特定表現の呼応関係に注意が必要である。

例1の副詞「全然」は明治・大正期には否定表現を伴わない形で使うこともあったが、近年では「全然～打消表現」で強い否定を示すものとして専ら使われている。文章は読者に違和感を与えないことが重要である。例1を不自然と感じる人が多いならば、例2のような無難な表現を用いるのが好ましい。

「とても」は形容詞などを修飾して程度のはなはだしさを示す用法（例2）もあるが、否定表現を伴って陳述の副詞として機能する場合もある。例3は、「とても」に続いて「新法の発効」以下を続けたため、書き手の中で呼応関係という意識が薄れてしまい、結果的に間違いを犯してしまったものである。1文が長い場合は特に注意したい。

⑤　慣用的な表現に注意する

×〔例1〕凄腕の新社長が采配を振るった結果、A社は押しも押されぬ会社へと成長した。

○〔例2〕凄腕の新社長が采配を振った結果、A社は押しも押されもせぬ会社へと成長した。

故事成語・格言・慣用句・四字熟語・ことわざなどの使用は、短い文字数で深い意味内容を相手に伝え、文章に風格を持たせて効果的である。それだけに、誤用は逆効果となってしまう。

⑥　話し言葉（口頭語表現）を書き言葉として使わない

×〔例1〕問題を解いてるときに話しかけられると、ちゃんと考えれなくなる。

○〔例2〕問題を解いているときに話しかけられると、きちんと考えられなくなる。

「～ている」の「い」を省略した「～てる」の語形は、話し言葉としてはよく耳にする表現である。また、動詞（一段活用とカ変）に可能の助動詞「られる」が接続した「見られる」「食べられる」「来られる」などから「ら」が欠落した、「見れる」「食べれる」「来れる」などの語形（所謂「ら抜き言葉」）も同様である。これらに対しては、「誤用」「乱れ」「合理化」など様々な見解があるが、あらたまった場で読まれる文章で使う「書き言葉」としては、広く認知されているとは言いがたい。使用を控えるのが好ましい。

他にも、「なので」を接続詞として文頭で使ったり、「～けど」を接続助詞や終助詞として文中・文末で使ったりするのも、「書き言葉」としては不適切である。

〔**参考**〕注意すべき「話し言葉」（カッコ内が書き言葉）

あんなに（あのように）、いっぱい（たくさん）、こんなに（このように）、ちゃんと（きちんと・間違いなく・正しく）、とっても（とても・非常に）、みたいな（のような）、やっぱり（やはり）

⑵　「文」から「文章」へ────────◆

正しい「文」が書けるようになったら、よい「文章」が書けるようになることを目指す。

文章は自分の考えを読者に伝えるために書くものであるから、可能な限り読者の読みやすい文章を書く必要がある。それがよい文章である。よい文章とは、基本的な作法を

守りながら論旨が明快で簡潔な表現で書かれているものをいう。以下に、レポート・論文などを作成するときの注意点をまとめる。

① 基本は原稿用紙の使い方に則（のっと）る

　手書き文書もワープロ文書も、基本的には第１章で学習した原稿用紙の使い方に従う。「段落と字下げ」「禁則」「句読点」などにも注意が必要である。☞ pp. 6 - 8

② 文体の統一

　文体には、「だ・である体」（普通体・常体）や「です・ます体」（丁寧体・敬体）などがある。「だ・である体」は、読者を中立的な立場に置いて事実を客観的に記し、自己の意見を論理的に説明するのにふさわしいため、レポートや論文で用いるのに適している。一方、「です・ます体」は読者に敬意をあらわすため、エントリーシートや自己推薦文など、自らの抱負・特技・志望理由などを相手に謙虚に伝える時に用いるのに適している。文体の選択には注意が必要である。また、同じ文章中に両文体が混在しないように気を付けなければならない。

③ 誤字・脱字と校正

　誤字・脱字には注意する。キーボードでの入力に慣れていないと、タイプミスや誤変換による誤字・脱字が生じやすい。ワープロ・ソフトには文章校正機能が付いているが、曖昧文や複数の表現が可能な場合などはチェック漏れも生じる。文章を完成させた後で必ず読み返し、自ら校正し推敲（すいこう）する習慣を身に付けよう。また、そうした時間をはじめから計算に入れて文章を書き始めよう。

　〔例１〕委員会で出席者に資料を配布する。

　〔例２〕浴衣を来た客が買っていった。

　〔例３〕太郎は花子が好きだ。

　「配布」は不特定多数に広く行き渡らせるとき、「配付」は特定の者に個別に渡すときに用いるとされる。例１は「配付」を使う方がよい。例２は「来た・着た」ともに内容的に成立する。表現しようとする内容は１つなので誤変換に注意する。例３は明晰（めいせき）な文のように見えるが、実は曖昧文である。"Taro likes Hanako.""Hanako likes Taro." の両義に解しうる。例２・例３は文レベルでは誤用か否かの判断が付きにくいので、文章レベルでの校正が重要になってくる。

(3) レポート作成上の注意点━━━━━━━━◆

　本来レポート（report）とは報告書のことである。各自がおこなった調査・実験・アンケート集計などをもとに、分析・考察した結果を１つの報告書として完成させたものである。このレポートが質的に大きな意見書・報告書になったものが論文である。従って、レポートは感想を書くものではない。個人的な感想は記載せず、根拠を明示した上での論理的な説明をおこなう。これを習慣づけることによって、よいレポートや論文が書けるようになる。

　〔例１〕2006年８月に開催された国際天文学連合総会で新たな惑星の定義が決定した。その　　　　結果、それまで太陽系第９惑星としてアメリカで特に人気の高かった冥王星は準惑

星に分類されることとなり、人々は落胆した。

〔**例2**〕 日本の所得格差は、高齢化の影響で拡大した。

　例1は事実を書き記したように見えるが、レポートの文章としては問題がある。「人気の高かった」「人々は落胆した」は「主観的な判断」あるいは「根拠の脆弱な記述」と言われても仕方がない。注や引用などで具体的な数値や説明を付すことで、文章がレポートにふさわしいものとなる。それができない（確たる証拠を用意できない）のであれば、例3のように書き改めるべきである。

　例2は事実のみの文章のようだが、高齢化がなぜ所得格差を拡大させるのかの説明がなされていない。例4のように書けば説得力が増す。レポート・論文とは、これらの積み重ね作業である。

〔**例3**〕 2006年8月に開催された国際天文学連合総会で新たな惑星の定義が決定した。その結果、それまで太陽系第9惑星とされていた冥王星は準惑星に分類されることとなった。

〔**例4**〕 高齢者は他の年齢層と比べて所得格差が大きいので、1990年代以降、高齢者人口の全人口に占める割合が高まった結果、日本全体の所得格差が拡大した。

⑷ レポートの形式————◆

　レポートの形式は、指示があればその指示に則る。指示がなければ、1枚目を表紙として、2枚目から本文を書く。表紙には、「表題（レポートタイトル）、所属（個人番号があればそれも記す）、氏名（読みにくい場合は振り仮名）」を書く。☞ p. 5課題1

　授業レポートの場合、さらに「授業名、時間、担当者氏名」も記すとよい。提出期限や字数制限がある場合は、提出日や総文字数（タイトル・氏名・参考文献・スペースなどは含まない）を書く配慮も欲しい。

　ワープロソフトを使用する場合は、A4サイズの用紙、10.5ポイントの文字サイズ、MS明朝体のフォントが一般的である。電子メールでのレポート提出も近年は多い。受信側が閲覧しやすいように保存したファイルを提出する。☞ p. 27⑸

〔**レポートの表紙の例**〕 ※字配りなどのレイアウトは無視

金曜日3時間目「映像文化論」（小安山庄司先生ご担当）課題レポート
『東京物語』に見られる戦後社会——都市化に翻弄される人々——

国際文化学部文芸学科　200419番
大佛　美子（おさらぎ　はるこ）
提出日：7月6日　総文字数：3,412字

⑸ 文献の引用————◆

　レポート・論文などでは、自説の根拠として他者の文章や調査結果、統計データなどを用いることも多い。その場合、出典（引用物の出所）を明示しなければならない。著作物の多くはそれに関わるいくつかの権利を備えている。それらは、著作物にとっては

もっとも基本的な権利である著作権であったり、それを所有していることに関わる所有権であったり、ある言語に翻訳することの翻訳権であったりする。これらの権利を最大限尊重して引用しなければならない。☞ **p. 18**〔**参考**〕

それら引用には一定のルールがある。それは各分野によって様々なので、先行論文などを参照して各分野の標準的形式に従うのがよい。一般的には次のような方法がある。

① 短い文章を「 」でくくって引用する

この場合は次の2つの注記法がある。

a 「 」のすぐ後に（著者名、出版年：ページ）を記し、本文の最後に詳細な文献リストを列挙する。

b 引用した「 」の部分に(1)(2)などと番号を付し、本文の最後に注として(1)から詳細な書誌情報を記す。同一ページ内に脚注として記すこともある。

② 長い文章をそのまま引用する

この場合は引用部分を改行して全体を2字程度下げて書く。引用部分の末尾に上記①のa・bいずれかの方法で出典を明示する。

③ 原文をそのまま使用しない場合

他者の理論・主張・調査結果・データなどに依拠しながら文章を書き進めたり、他者の文章を要約しながら利用したりする場合も同様に出典を明示する。①のa・bいずれかの方法で注記する。

〔**③の注記の例**〕

最近では、格差社会論に関連させる形での結婚格差について言及する文献も見受けられる[1]。また、「彼女いない歴」が年齢の意味として使われる「毒男（独身の「独」を「毒」と意図的に変換）」「非モテ（モテざる男）」といったモテない独身男に関する言説もネット上で数多く流布している[2]。

*注1 山田昌弘『結婚の社会学——未婚化・晩婚化はつづくのか』（丸善ライブラリー、丸善、1996年）、大久保幸夫他『30代未婚男』（生活人新書、日本放送協会、2006年）などが挙げられる。

2 渡部伸『少子化時代の恋愛格差』（扶桑社新書、扶桑社、2007年）などを参照した。

---

(6) 文章の校正と推敲————————◆

レポート・論文などを書き終えたら、何度も読み返して文章の校正をおこなう。また、文章の推敲につとめて完成度を高める。音読することでリズムの乱れを見つけたり、友人に読んでもらって批評を乞うたりするのもよい。

その際には、以下のチェック項目に留意する。

【文章形式上の注意点】
- □ 文章が適度な長さの段落に分割されているか
- □ 段落の最初は一字下げているか
- □ 文体（「だ・である」か「です・ます」）が統一されているか
- □ 誤字・脱字がないか
- □ 話し言葉を使っていないか

【文章表現上の注意点】
- □ 主語と述語は一致しているか
- □ 長すぎる文はないか
- □ 論理が不明確になっていないか
- □ 論の根拠を示しているか

【課題作成上の注意点】
- □ 表紙に表題、所属、氏名などの必要事項を書いているか
- □ 文献を適切に参照・引用し、出典を明示しているか
- □ 根拠が曖昧な情報を参照していないか
- □ 参考文献リストがあるか

レポートや論文、発表資料の末尾には、必ず使用した文献の一覧を「参考文献」とし
て記す。文献の表記は、文献の奥付（書籍・雑誌などの巻末にある、著者・書名・発行
者・印刷者・発行日などを記載した部分）をみて正確に行なう。

資料8　文献表記の例

和書の参考文献書式

(1)単行本
書式：著者『書名』、出版社、出版年。
【例】浅岡邦雄『〈著者〉の出版史』、森話社、2009年。

(2)翻訳書
書式：原著者『書名』、翻訳者、出版社、出版年
【例】ゴードン・M・バーガー『大政翼賛会』、坂野潤治訳、山川出版社、2000年。

(3)雑誌論文・記事
書式：著者「論文名・記事タイトル」、『雑誌名』巻次、頁。
【例】大澤聡「雑誌『経済往来』の履歴」、『メディア史研究』2009年5月（第25号）、73～91頁。

(4)新聞記事
書式：著者（署名記事の場合）「記事タイトル」、『新聞名』、発行日、面。
＊注　夕刊や地方版の場合はその旨を明記する。
【例】杉田敦「論壇時評」、『朝日新聞』、夕刊、2006年11月29日、11面。

⑸論文集に収められている論文

　　書式：著者「論文名」、編者『書名』、出版社、出版年、掲載頁。

　　〔例〕與那覇潤「小津安二郎と帝国史の方法」、坂野徹／慎蒼健編『帝国の視覚／死角』、青
　　　　　弓社、2010年、177 ～ 206頁

⑹ウェブ上の文章

　　書式：著者・発行者「文書名」、ＵＲＬ（閲覧日）。

　　〔例〕厚生労働省「平成22年度　労働経済の分析——産業社会の変化と雇用・賃金の動向
　　　　　——（白書）」

　　　　　http://www.mhlw.go.jp/wp/hakusyo/roudou/10/index.html（2011.1.5閲覧）

〔参考〕洋書の参考文献書式

単行本　Cf.P.Berger, *The sacred canopy:elements of a sociological theory of religion*,
Garden City, N.Y.:Doubleday, 1967, pp.23-25.

雑誌論文　Chabris, Christopher F."Ethical Examination in Context: The Criticism of
Critias in Plato's Charmides." In *Plato Ethicus-Philosophy is Life*, pp.245-254.Ed.by
Maurizio Migliori and Linda M.Napolitano Valditara.Sankt Augustin:Academia
Verlag, 2004.

〔参考〕

著作物の使用について

　著作物の複製や引用を行なうときは、原則として著作権者の許可が必要となる。ただし、著作権法で認められた正当な引用に該当するときは、基本的には許可を得ることなく利用することができる。

　文書を執筆する際、他人が執筆した文献を利用するときは、著作権法に準拠した形式で引用する。引用にあたっては、引用場所と文書末尾に出典を明記し、引用部分については原文をそのまま記載する。引用部分の一部を修正したり削除したりしてはならない。なお、文章だけではなく、写真やイラストにも著作権がある。これらを利用するときには特に注意すること。

　著作権法で認められた引用とは、次のすべての条件を満たしている場合をいう。

・引用される著作物が公表済みであること

・引用によって版権などの財産的権利が侵害される恐れがないこと

・引用が公正な慣行に合致し、かつ引用の目的から見て正常な範囲内で行なわれること

・著作名や題目などによって、引用の出所を明示すること

　（文化庁のホームページも参照のこと http://www.bunka.go.jp/seisaku/chosakuken）。

　発表資料の作成であれ、レポートの作成であれ、決して盗用・剽窃をしてはならない。インターネット上で個人が作成・公開しているものを、サイトの責任者、出所を明示せずに勝手にコピー＆ペースト（コピペ）して提出する行為も盗用・剽窃にあたる。Webページには、根拠のない情報や主観的な意見が書かれていることも多いので、注意しなくてはならない。インターネット情報は、考える際のヒントにするのは構わないが、引用したり、利用したりする場合は、情報の信頼性や信憑性について十分確認する必要がある。

◆第**3**章

さあ文章を書いてみよう
文章作成法Ⅱ

課題1 次のAとBの題名で文章を書きたい。どのような構成にしたらよいかそれぞれについて考えなさい。

A 私の輝いているとき
B 環境破壊の現状と対策

課題2 上のAとBのうち1つを選び、その題名で、付録②の原稿用紙に文章を書きなさい。

解説

　文章には、問題提起・結論・論拠などを、書き手の意図に従って配列するための型（形式・構成）がある。

　論理的な文章では、特に論旨の一貫性が重要とされる。論点（中心となる話題）からずれてはいないか、最終的な結論と全く無関係な事柄が入っていないか、などを常に注意する必要がある。一貫性を持った文章を書くためにも、型は非常に便利である。まず、いきなり書き始めた場合でも、型に沿うように心掛けると書きやすい。さらに、書き始める前に、簡単な設計図として型を利用した文章構成を立てておくと、論理的な破綻をある程度防ぐことができる。

　文章構成を意識せず考えながら書く、あるいは書きながら考えると、目的地や方向が定まらずに迷走するのと同様に行き詰まりやすく、書き終えるまでにかえって時間がかかる。そうして出来上がるのは、過不足が多くて結論が不明瞭な、一貫性のない文章であろう。本章では、読み手にわかりやすい、論理的な文章を書くための型を学習することにする。

(1) 「作文」「論作文」「論文」————◆

　論理的な文章の構成を学ぶ前に、そもそも「論理的な文章」とは何かを考えておく必要がある。ここでは「作文」「論作文」「論文」という3つの文章の種類について述べる。これら3つの区別は、ある課題を与えられて文章を書く場合、特に就職試験・各種採用試験などでは重要である。

① 作文

　書き手の思いを自由に書き綴ったものである。課題を課す側からいうと、「書き手の考え、書き手の人間性、書き手の物事に対して取り組む姿勢」などを見るためには、有効な手段である。就職試験・各種採用試験では、次のような課題であれば、必然的に「作文」を書くことになろう。

　〔作文の課題例〕

　　「○○社を選んだ理由」「私が理想とする教師像」「大学で学んだこと」

　〔作文の特徴〕

a　段落構成は比較的自由でよい。

b　結論は書き手によって様々なものが考えられる。

c　書き手独自の体験・感想や独創性のある意見が重視される。

各種試験は、あくまでその人の人間性を知る目的で出題するため、あまりにも個性的な作文は、非常識な作文となってしまう。この兼ね合いには注意が必要である。

② 論作文

　論作文は、近年使われ始めた言葉である。主として採用試験などで課せられる傾向が強い。作文と論文の中間的なものであるが、基本は論文としての客観的立場であり、その中に書き手の体験・考えも取り入れて、主観的要素も必要とされるものである。

　従来、「作文・論文」と二分されていたものの中では、「論文」の中に「論作文」を含む場合が多い。

　〔論作文の課題例〕

　　「地域社会における企業の役割」「学級崩壊への対応」

　〔論作文の特徴〕

a　基本は論文の立場であり、段落構成に注意する。

b　結論はある程度予想される。

c　結論に至る過程で、書き手の体験・感想・意見を述べる。

③ 論文

　分量の少ないものは小論文ともいうが、論文と同一のものである。論文は、客観的な立場に徹し、読み手を納得させるものである。基本的には、理論の積み上げのうえに結論が構築され、原則的に結論は１つである。課題を課す側は、「書き手の知識の有無、論理的思考ができるかどうか」などを試す目的で行っている。

　〔論文の課題例〕

　　「裁判員制度の現状と課題」「浮世絵がフランス印象主義画家に与えた影響」

　〔論文の特徴〕

a　段落構成が求められる。

b　結論は原則的に１つである。

c　主観を交えることなく、客観に徹する。

論文を書くためには、自分の専攻している分野や志望している職業分野に関する知識を、ふだんから身につけておく必要がある。

(2) 論理的な文章の構成————◆

(1)で述べた文章の種類のうち、「論文」「論作文」には、論旨に一貫性を持たせるための文章構成が強く求められる。ここでは、代表的な文章構成の型として、「序論・本論・結論」の３段構成と「起・承・転・結」の４段構成を挙げる。

① 「序論・本論・結論」

　各段落の内容は、次のようなものが考えられる。

序論	主題の予告、（先行研究を踏まえた）問題提起、研究の動機・意義など
本論	研究・実験・調査の方法 研究・実験・調査の結果 資料の引用 結論を導くための根拠・具体例 ｝それらの分析・考察
結論	本論の分析・考察を前提とした主張、今後の課題・展望など

② 「起・承・転・結」

　漢詩の形式に由来するが、文章の構成としても応用される場合がある。「起」で述べた話題を「承」で展開させ、「転」で転換して「結」で主張をまとめる。この構成では特に「転」に注意が必要で、論点を変えたり、前段までの内容を別角度で言い換えたりするのに用いる。

［参考］上の①②の他に、結論（主題）を置く位置によって、「頭括」「尾括」「双括」の３つの型に分けることもできる。

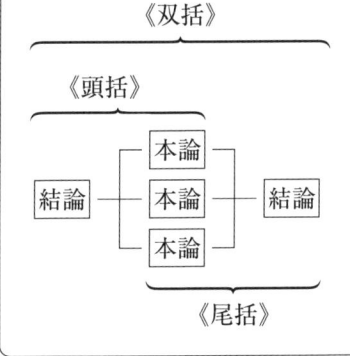

A　頭括型…初めに結論を示し、そのあと本論を展開する。

B　尾括型…初めに本論を展開し、最後に結論を示す。

C　双括型…初めに結論（主題）を示したあと本論を展開し、最後に再び結論を示す。

［参考］実際に論文を書く場合、本章で示した一般的な構成に加え、具体的な論理の展開が要求される。例えば、自説に対する反論や批判を想定し、それらに再反論することで自説を立体的に補強する、という形式。また、複数の事例・現象を比較対照し、それぞれの長所・短所や相違点・共通点などを分析する、という形式。他にも、仮説を立ててそれを検証する、先行研究を批判しながら議論を進める、事件や現象を原因（発端）・現状・将来への影響などに区切って叙述・分析していく、など様々な論理展開の形式がある。

コラム②　　　　　　　　　　作家の原稿用紙

　作家の原稿用紙といってすぐに思い浮かぶのは、夏目漱石が橋口五葉に意匠を依頼し春陽堂書店に作らせた「漱石山房」の原稿用紙である、という人は少なくないだろう。朝日新聞社と契約を交わし専業作家となった漱石が、当時の「朝日新聞」の紙面に合わせて、１行19字、10行のＢ５版の原稿用紙を用意した。その後、「朝日新聞」は１行を18字にするのだが、漱石は行末の１字を空けて書くことでこのことに対応した。しかし、さらに１行17字に減った後はそれに応じることなく、18字のままで書き続けている。今日、高校の教科書の定番教材である「心」などは１行17字時代の掲載作品だが、残された原稿を見ると、行末は１字だけ空けられている。

　また、漱石の晩年の弟子で、大正時代に活躍した作家の芥川龍之介が好んで使った「松屋製」の200字詰原稿用紙のことを思い浮かべる人も多いだろう。松屋文房具店は、東京大学の門前、本郷の一角に店を構えた、帝大生御用達の文具店であった。日本で初めて大学ノートを製作、販売したことでも知られている。この「松屋製」の原稿用紙、早稲田大学出身の作家の多くが愛用した神楽坂の「相馬屋製」に対し、帝大出身の作家たちのお気に入りブランドであった。前出の漱石も、初期の傑作「吾輩は猫である」や「坊つちやん」では、松屋の24字詰24行の原稿用紙を使っていた。芥川は、終生この「松屋製」の200字詰原稿用紙を愛用していたのだが、実は、大学生の頃は同じ松屋製の「400字詰原稿用紙」を使うことが多かった。師の漱石に認められ文壇への華々しい登場のきっかけとなった作品「鼻」もまた、このＢ４版の松屋製400字詰原稿用紙が使われていた。

　芥川が使用した「松屋製」原稿用紙は、前述した文字数や紙の大きさ以外にも、罫線の色、使用されている活字の違いなどから、30種類に近いヴァリエーションのあることが、研究者らによって報告されている。芥川のように、草稿や原稿類が多く残され広く公開されている作家の場合、使用された原稿用紙の種類を特定したり分類して整理することで、ある作品の執筆時期を推定することが可能となったり、他の思いもよらなかった作品との関連性が証明されるなどということが起こるかも知れない。近年、多くのそして様々なスタイルの文学館が設立されたことによって、また、インターネットの普及などに見られるＩＴ社会がもたらしたことがらにより、これまでとは異なった研究環境が整い始めてもいる。文章が生み出される場に直接的に関わる「モノ」としての原稿用紙が内包する情報を、より積極的に活用することが望まれる。

◆第4章

インターネットとデジタル機器を用いた文章作成

課題 インターネットを利用する上でのルール・マナーに照らし合わせて適切な場合は○、不適切な場合は×で答えなさい。

---

1. 大好きなアーティストの歌詞の全文を自分の SNS に掲載した。
2. レコード会社等が認めたものではないと知っていたが、無料のサイトから音楽をダウンロードした。
3. インターネットでは個人が特定されることがないので、匿名で何でも気楽に書き込んでいる。
4. レポートを書く際に Wikipedia から引用した。
5. ID やパスワードは忘れないように生年月日で統一している。
6. 「24時間以内に大地震が起きる」という情報が友人からメールで回ってきたので、すぐに SNS で情報をシェアした。
7. 友人がアルバイト先の食器棚に寝転がった様子が面白かったので、写真を撮って SNS に掲載した。
8. 友人から至急 A さんの情報を教えて欲しいと言われ、その場で住所・電話番号・アドレスなどを教えてあげた。
9. インターネット上に投稿した文章・画像・映像等は、一度投稿してしまうと、オリジナルのものを削除してもそのコピーが出回る可能性が高く、それらの回収はほぼ不可能と考えた方がよい。
10. 個人のブログ上の有益な情報を、真偽を確認せず、出典の明記もせずにそのまま自分のレポートで使用した。

解説

　私たちの身のまわりには、様々な種類の情報があふれている。インターネット（以下ネット）は情報を知るための最も手軽なツールかもしれない。しかし、ネット上には有益な情報もあるが、曖昧で誤った情報もたくさんある。利用する際には、その情報が本当に信頼できるかどうかを判断してから利用するようにしよう。またネットを使いこなすためには、個人情報を守るとともに著作権の侵害や剽窃を行わないという意識も必要である。

本章では、自分の目的に応じて、どのようなタイプの情報をどのように選択すればよいのかを学習する。また、ネットを介して情報をやりとりする際に気をつけるべき基本的なルール・マナー、ワープロソフト（Word®）を用いた文章作成に便利な機能についても学習することにする。

(1) ネット上の情報の種類と信頼性━━━━◆

ネット上の情報は多様である。例えば、 Wikipediaや個人のブログ、匿名の掲示板やまとめサイトなどは、責任の所在が明らかでなく、その情報が本当に信頼できるかどうかの判断が不可能なものが多い。よって、大学の発表やレポートの資料にしたり、自分の考えの根拠にしたりする際には、信頼できるものかどうかを見極める必要がある。

☞ p. 28コラム④

① 中央省庁・地方公共団体など

中央省庁や地方公共団体などの行政機関は、情報開示や広報のために、多くの文書を公開し、関連情報へのリンクを提供している。これらは基本的に信頼のおける情報である。最新の情報か否かを確認した上で、白書（政府の公式報告書）などを利用するとよい。

② 民間企業

民間企業のウェブサイトでは、自社に関するプレスリリースや経営・財務情報、採用情報などが提供されている。これらの情報は、企業の公式見解として参照する限りでは有用である。しかし、自社に都合が悪い情報は掲載されない可能性があるため、企業について理解するためにはウェブサイトの情報だけに依存しない方がよい。

③ 組織・団体

様々な組織や団体は、理念・目的の周知や各種の広報などのためにウェブサイトを開設し運営している。それらウェブサイトの質（信頼性）は一様ではないので注意が必要である。

④ 個人

個人のウェブサイトでは、個人的な情報（経歴、日記、趣味など）のほか、その興味に基づいて意見、信条などが発信されている。あくまでも個人の立場で発信している情報であるので利用には注意が必要である。

(2) ネットでの情報の管理および発信について━━━━◆

① 情報の管理

他人に自分のユーザアカウントを不正に利用されないために、適切なパスワードの設定と管理が大切である。パスワードは他人に推測されにくいよう、意味を持たない英数字のランダムな組み合わせとし、定期的に変更するのが望ましい。

- 名前などの個人情報からは推測できないようにする
- 英単語などをそのまま使用しない
- 類推されやすい数字や安易な組合せにしない

② 情報発信の際に注意すべきこと

　ウェブページや掲示板、 SNS などに書き込む際には、機密情報・個人情報を書き込まない、誹謗中傷をしない、むやみに写真を掲載しないことなどが重要である。これは自分のものだけでなく、家族や友人、知人などの情報についても同様である。ネットに書かれた情報や画像は広く公開されるため、その情報や画像が悪用され、思わぬ被害を受けたり、プライバシーが侵害されたりすることがある。また、不注意な発言により、多くの人から非難を受けたり、自分や所属する組織の信用を失墜させたりする事態を招くこともある。一度ネット上に公開された文章、投稿した画像・映像等は、オリジナルのものを削除しても、画面の写真やコピーが出回ってしまうため、ほぼ回収は不可能と考えた方がよい。書き込む内容や情報を公開する範囲、その結果どのような影響が起こりうるか、常に意識をしながら、責任をもって情報を発信をするよう心がけることが重要である。

(3) ネットで収集した情報を活用する際の注意点————◆

　他の人が書いた文章を自分のものとして発表すること（コピー＆ペースト）は剽窃や盗用にあたる。レポートを提出したり発表したりするということは、自分の意見を公の場に発表することであるという自覚を持たなくてはならない。

　他の人の意見を自分のレポートに取り入れたい場合には、信頼できる情報かどうかを著作などで確かめた上で、誰のいつのどのような文章であるかといった出典を明記して「引用」という形式をとればよい。☞ p. 15 (5) **文献の引用**

　他の文章ですでに引用されているものは2次情報、2次資料となる。その場合、必ず元の情報・資料（1次情報・1次資料）にあたって内容を確認してから引用する。

　また公開されている芸術作品や写真・イラストなどを勝手に自分のブログやSNSなどで使用することは著作権侵害にあたり、罰則の対象となるので十分気をつける。

コラム ❸　　　助数詞を正しく使おう！

　「醤油ラーメン1個と味噌ラーメン3個で注文されたお客様ですか？」
　ちょっと待ってください。「3個」って言い方はあんまりではないでしょうか。
　この際ですから、「ラーメン3個で」という「で」というのは目をつぶります。ですから、きちんと言いましょうよ、「醤油ラーメン1杯と味噌ラーメン3杯を注文されたお客様ですか？」と。
　箪笥は「1棹、2棹」、箸は「1膳、2膳」、本は「1冊、2冊」、自動車は「1台、2台」、そう呼ぶことは、とても大切だと思っています。
　近頃の会話では、助数詞などというものはその存在さえも無視され、「どんな言い方をしても通じればよいのだ」式の表現がまかり通っています。私は、そこに、違和感を覚えている1人なのです。
　私達の言語生活がこのままの形で進んでいくと、いずれは私達自身を「1個、2個」と数える時代がくるのではないだろうか、と本気で心配しています。

(4) ワープロソフト（Microsoft Word®）による文章作成————◆

　ここでは Word（Windows 版）で文章を作成する際の便利な機能を紹介する。

① 画面各部の名称

　画面上部の「ファイル」「ホーム」といった文字が並んでいる部分を「タブ」という。タブをクリックすると多数の「コマンドボタン」が並ぶ「リボン」が切り替わる。リボンは「フォント」「段落」「スタイル」のようにボタンがグループ化されており、グループ右下の◢ボタンをクリックすると「ダイアログボックス」が表示され、リボンからは設定できない詳細な項目を設定することができる。

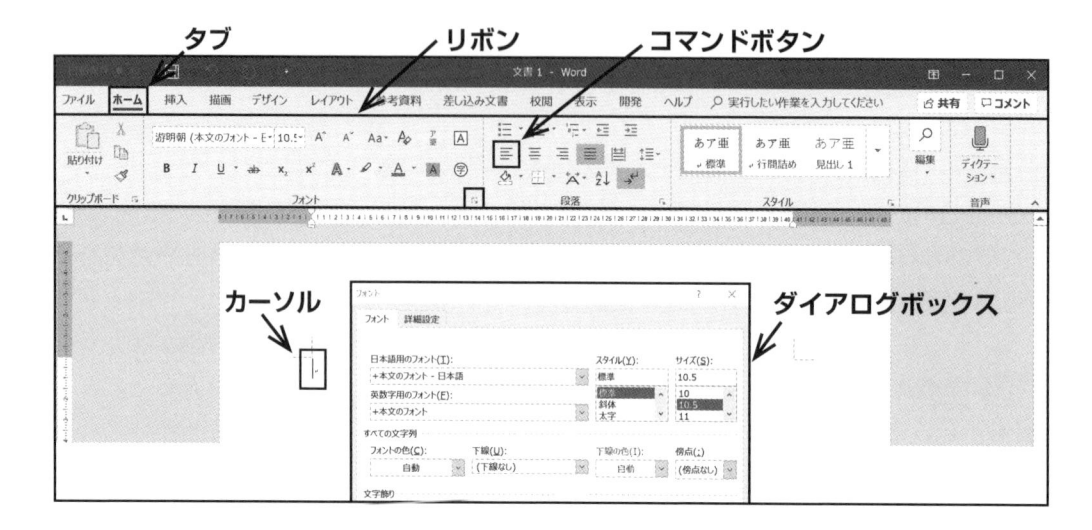

② 文字と段落の選択

　文字の入力位置を点滅して示す「｜」印をカーソルという。段落に書式を設定する場合、その段落内のどこかにカーソルがあればよい。文字に書式を設定したい場合は、その文字を選択しておく必要がある。文字を選択するには、マウス等でドラッグするか、キーボードの Shift ＋矢印キーを使う。行単位で選択する場合は、行の先頭より左の余白部分をクリックする。余白部分をダブルクリックすると段落が選択できる。

③ ページレイアウトの設定

　文書を作成するときには始めにページレイアウトを設定しよう。「レイアウト」タブの「ページ設定」グループのダイアログボックスから用紙サイズ、余白、1ページの文字数と行数等を設定する。

④ フォント（書体）の設定

　PC には多数のフォントが登録されている。フォントを効果的に利用することで文書を読みやすくすることができるが、使い方を間違えると統一感がなく、読みにくい文書となるので注意しよう。レポートや論文の場合、フォントの大きさと種類はそれぞれ2種類程度に抑えた方がよい。

　フォントを設定するには、文字や段落を選択し、「ホーム」タブの「フォント」グループのコマンドボタンをクリックする。

⑤　ページ番号の設定

　2ページ以上の文書には必ずページ番号を付けよう。ページ番号は「挿入」タブの「ヘッダーとフッター」グループの「ページ番号」で設定する。

⑥　「スタイル」の利用

　レポートや論文のように長い文章は、一貫性のある文の構造にすることで読みやすくすることができる。Word では、段落や文字の書式を設定し、簡単に呼び出せる「スタイル」という機能がある。あらかじめ組み込まれているスタイルは、「ホーム」タブの「スタイル」グループから呼び出すことができる。段落スタイルを設定するには、段落内にカーソルを移動させ、設定したいスタイルをクリックする。さらに、「スタイルウィンドウ」から独自にスタイルを設定することもできる。本文、見出し、箇条書き、表内の文字、図表のキャプションなどスタイル設定をしておくとよいだろう。

⑦　注の付け方

　文中の言葉に説明が必要な時は注釈をつける。Word では「参考資料」タブの「脚注の挿入」または「文末脚注の挿入」でページ下か本文の後に注を入れられる。

⑧　表・図の貼り付け方

　Excel® で作成した表やグラフを貼り付ける場合は、白黒印刷かカラー印刷かによって表し方を変えるなど、見やすくなるよう工夫しよう。図を貼り付けた後に拡大、縮小する場合、縦横比が変わると見栄えが悪いので、縦横比が変わらないよう注意しよう。縦横比が変わってしまった場合は、図をクリックし、「書式」タブの「サイズ」グループ右下のボタンをクリックし、ダイアログボックスで「倍率」の高さ、幅を同じ値にすればよい。

⑨　校正機能

　Word には用字・用語の不統一や誤字・脱字などを指摘する校正機能があり、「の」や「が」の連続使用や言葉の重複、曖昧な表現、表記上のミスなどが自動的にチェックされる。しかし、校正機能だけでは全てのミスはチェックしきれないので、より良い文章になるよう何度も読み返すこと。推敲・校正する場合は、モニター／ディスプレイ上での確認には限界があるため、必ずプリントアウトしたもので確認することが重要である。☞ p. 14 ③ 誤字・脱字と校正

(5) **課題を提出する際の注意点**━━━━◆

　スマートフォンのメモ帳やタブレットなどのアプリを使ってレポートの下書きをすることがあるかもしれないが、それをそのままレポートとして提出するのは適切ではない。必ず Word などのワープロソフトで書式を整えた上で提出すること。

　また、データファイルを提出するよう指示された場合、受信する側が閲覧できるよう、一般的な形式で保存したファイルを提出する。☞ p. 15 (4) レポートの形式

コラム④ その情報は真実ですか、それともフェイクニュースですか？

　海の向こうの国の大統領が自身や自らの政権を批判的に取り上げる報道に対して「フェイクニュース」だと批判したというニュースが、日本のテレビ番組や新聞記事などで大きく取り上げられた。「フェイクニュース」とは「fake news」、すなわち「虚偽報道」のことである。一般的には、故意に流された偽の情報や、真偽のはっきりとはしていない情報のこともいう。

　現代のインターネット社会では、誰もが情報の受信者となり、また容易に発信者ともなることができる。インターネット上に在る多くの情報から自分の興味や関心にしたがって入手したことがらを、その真偽をしっかりと確かめないで発信し拡散させることは、「フェイクニュース」を広める役割を意識せぬまま担ってしまうことにもなりかねない。場合によっては、その情報の拡散という行為が、他人の心を傷つけたり、他人の財産を損なわせたりすることになるかもしれない。そして、その結果によっては刑法で裁かれ、あるいは民事の法廷で多額の賠償金を請求されることにもなりうるのだ。1度ネット上に出てしまった情報は、どれだけ削除しても決してゼロに戻すことはできない。

　そのような事態を招くことを防ぐには、「真偽を確かめる」、「事実を確認する」ということが欠かせない。言葉や情報を発信するということには大きな責任が伴うのだ。そして、その情報の発信の後にも、自分が発信した情報が真実であったのか、そうではない偽の情報であったのか、自らも確認をする必要がある。第三者が様々に検証、確認をすることを「ファクト・チェック」（Fact-Checking）という。このことが、現代の情報発信には大変に重要なことになってくるのだ。

　フェイクニュースによって傷つけられ、損害を受けた被害者は、永遠にフェイクニュースから逃れられないということ、そして犯した罪も決して消えることはないということを、しっかりと肝に銘じるべきである。

第5章

プレゼンテーションをより効果的に
わかりやすい発表

課題 話題になっている社会問題についてテーマを絞り、発表するための大まかな流れ（チャート）を作りなさい。

解説

　各種の発表会・説明会などで話者（プレゼンター）がテーマに即して、複数のメンバーを相手に報告し、意見を述べるのがプレゼンテーション（口頭発表・説明）である。

　情報を整理した上で提供し、自分の考えをわかりやすく伝えることが最も重要だが、参加するメンバー全員で議論できるような問題を提起することも必要となる。

　また、報告が客観的かつ普遍的であり、さらに自分なりの見解が提出されていることが重要である。自分なりの問題提起には、適切な資料や材料の提示など一定の手続きが必要となる。

　本章では、自分の考えを相手に正確に伝えるためにはどのような準備が必要なのか考えてみたい。

(1) レジュメ（ハンドアウト）の作成―――◆

　発表をわかりやすくするために、アウトラインや要約を記した資料を配付する。英語圏では「ハンドアウト」と呼ばれている。

　ホワイトボード・ポスター・スライド・OHP・パソコン（PowerPoint®・Keynote®）などプレゼンテーションツールは多様である。その場にあった効果的なツールを選定しよう。

《資料に必要な内容》

a　発表日・表題（主題）・発表者の所属・氏名

b　発表の要旨（内容の概要）。

c　そのテーマを取り上げる理由（主題の概要や背景について）。

d　問題提起、引用事例（必要に応じて見出しをつける。見出しを階層化したい場合は以下のように番号を使い分けるとよい）。引用には必ず出典（引用元）を明記すること。

　　大見出し：１２３

中見出し：(1)(2)(3)

小見出し：a b c

e　調査・検討・研究（データ提示）。口頭では理解しにくい図表・画像・写真などの資料を添付。

f　考察・主張・結論。

g　まとめ・参考文献。

h　なるべく無駄を避けるようにレイアウトを工夫する。資料が複数枚にわたる場合は、配付前にホッチキスでとじるかクリップでとめておくのが望ましい。フッター（各ページの下部余白部分）に必ずページ番号を付ける。

i　用紙のサイズを統一し、書式の異なるものが混在するような事態は避ける。

(2) プレゼンテーションの手順と注意点────◆

a　資料の順番に従って話をする。主題や目的を提示し、全体の流れを説明する。発表が何を問題とし、論証しようとしているのか、聴き手に印象づけることが重要である。聴き手の様子を確認しながら進行し、全体の時間配分にも注意する。

b　資料やデータを引用する場合、その論旨と主張の核心をなるべくコンパクトにまとめ、わかりやすく聴き手に伝える（図や表にするのもよい）。

c　自分なりの解釈や分析を通して、最終的に何を言いたかったのかを明示し、論理的かつ実証的に裏付ける。これまでの先行研究をきちんと理解し、自分なりに把握して論じることができ、そこに単なる個人的・主観的な感想以上の視点・意見が示されることが望ましい。

d　人前で自由な形式で話をするのが苦手な人は、あらかじめ話したい内容を文章にしておいて、それを読み上げるようにすると発表がやりやすくなる。完全な発表原稿でなくても、話の流れにしたがって要点やキーワードを記したメモを作っておくと、準備した内容を話し忘れるといったミスが防げる。

e　自分が読むスピードと人が聞いて理解できるスピードには開きがあることを前提としなければならない。しっかりした内容の研究・考察をわかりやすく相手に伝え、相手を納得させることが重要である。

f　発表中に、資料のどの部分を使っているのかを「資料○ページの、図○をご覧下さい」などとそのつど示すようにする。

g　発表が終わったら、聴いている人から質問や意見を受け付ける。聴いている人は遠慮なく質問や意見を出す。プレゼンテーションの場は一方的な意見の伝達だけではなく、双方向的なコミュニケーションの場であることを忘れてはならない。

　以上述べたような流れは、ごく一般的な例であって、扱う題材や課題内容、取り組む者の経験やレベルによってさまざまなアレンジの仕方がある。

　プレゼンテーションを行う場合は、アウトラインをまず設計し、それを資料・発表に反映させるとよい。

(3) プレゼンテーションの注意点―――――◆

a　使用する機器の設営や動作確認は余裕を持って行う。

b　聴き手の反応を見ながらゆっくり話す。

c　資料などへの誘導は正確に行う。

d　無駄な動きをしない（緊張すると、髪を触ったり、ボールペンのノックをやたらと押したり思わぬ癖が出ることがある。聴き手に不愉快な印象を与えることもあるので注意する）。

e　奇抜な髪型・格好をしない（聞く人の注意をそらさないようにする）。

(4) アウトライン（発表の構成）の例―――――◆

　　○○ゼミ報告
　　　　日本における非正規雇用労働者の現状と課題
　　　　　　　　　　　　　　　　　　　　　2020. 10. 20
　　　　　　　報告：○○学科　　年　　番　氏名

　1　非正規雇用労働者の現状
　　（1）非正規雇用とは
　　　　　パート・アルバイト、派遣社員、契約社員、嘱託
　　（2）非正規雇用労働者数の推移
　　（3）非正規雇用労働者の労働条件

　2　非正規雇用労働者増加の背景
　　（1）企業の労務管理政策
　　（2）雇用関連法の規制緩和
　　（3）企業が非正規労働者を雇用する理由
　　（4）労働者が非正規雇用で働く理由

　3　非正規雇用の問題点
　　（1）雇用形態間の賃金格差
　　（2）雇用の不安定性
　　（3）不本意な非正規雇用

　4　非正規雇用問題の解決策
　　（1）諸外国の現状と対策
　　（2）待遇改善（同一労働同一賃金）への取り組み
　　（3）能力開発への支援
　　（4）正社員への転換の実現

コラム⑤ 図書館に行こう！

レポートや小論文の課題を与えられたとき、まずは手っ取り早く、ネットで情報を入手するのはよい。しかし、それでこと足れりとするのではなく、活字化された図書・雑誌を必ず調査しよう。図書・雑誌には執筆者が明示され、情報の責任の所在が明確で、その信頼性が高いからだ。そうしたときに大いに活用したいのが「図書館」である。以下に、図書館利用の手ほどきをしてみよう。

〔図書の検索はネットが便利〕ほとんどの図書館は、ネット上にサイトを持っている。自宅近くの公共図書館や大学図書館・学校図書館のサイトを開いて見よう。必ず「蔵書検索」の項があるはずだ。その蔵書検索を利用して、読みたい本の有無を確認する。検索機能をうまく使えば、著者名・作品名やある特定の語句に限定しての検索なども可能だ。自宅・学校・職場で、図書館の蔵書検索をし、まずは閲覧リストを作成してから図書館に足を運ぶ。もっとも効率のよい図書館利用法である。

〔図書館でさらに調査を〕図書館で資料が見つかったら、それに目を通す。自習席・調査席などを設けているところもあるので、図書館の規約にのっとって席を確保しよう。近年は館内のパソコンの利用やパソコンの持ち込みを認めているところも多いので、事前にネットや電話を利用して確認してみよう（ただし、使用時間や座席数の制限・電源利用の禁止などもありうる）。お目当ての資料の巻末などに参考文献が記されていたら、その参考文献を図書館内の蔵書検索でさらに調べる。館内に所蔵されていたら、閲覧の申し込みをする。必要ならば複写サービスや貸し出しサービスを利用して、資料の有効な活用を図ろう。

〔図書館は全てが一律というわけではない〕図書館には、「国立国会図書館」・「公共図書館」（都道府県立図書館、市区町村立図書館など）・「大学図書館」（各大学あるいは学部単位で設置）・「学校図書館」（小中高校に設置）・「専門図書館」（各種研究機関や企業が特定分野の資料を収蔵）・「私立図書館」などがある。それぞれに役割・目的があり、それに従って資料（図書・雑誌・地図・視聴覚資料・古文書など）の収集が行われる。したがって、各図書館によって蔵書内容に大きな差異がある。それを上手に活用する。たとえば、高度で専門的な資料ならば、大学図書館や専門図書館。ある地域の歴史や出身者に関する資料ならば、その土地の公共図書館。公共図書館は地元関連の資料を古くから精力的に収集しているので、珍しい資料を収蔵していることも多い。今はネットによって、遠く離れた地の図書館でも瞬時に蔵書検索が可能なので、自分の興味を持った分野・事項に関して、どんな資料があるのかを調べてみよう。そして、そうした遠隔地の図書館の蔵書でも、レファレンスサービス（次項）で複写や現物の取り寄せができるので、それらを利用してみよう。

〔図書館の様々なサービス〕図書館の役割を、「図書の閲覧と貸し出しだけ」と思っている人も少なくないだろう。しかし、図書館の役割はそれだけではない。資料を収集して次世代に保存・継承することも重要な役割である。また、利用者に対して、資料の複写サービスや文化活動（講演会・資料展示・展覧会など）もおこなっている。そうした中で、ぜひ利用して欲しいのが「レファレンスサービス」だ。これは、図書館の専門職員が、利用者の研究・調査を援助・アドバイスしてくれるサービスである。具体的には、①簡単な事実・資料を調査、②研究・調査に関連ありそうな資料の検索、③資料の所蔵先の確認や取り寄せ（有料の場合もある）、④他の専門機関などの紹介（レフェラルサービス）、などである。ほとんどの図書館は、貸し出しカウンター近くにレファレンスサービスカウンター（相談窓口）を設けていることが多い。読みたい本や論文が入手できない、あるいはどんな資料を見ればよいのかわからない、などといったときに、ぜひ利用してみよう。

敬語を適切に使おう
敬語の基礎知識

課題 次の文には不適切な敬語が使用されている。その部分を指摘し、適切な敬語に書き改めなさい。なお、誰から誰に向けての発話かを（　）内に示した。

〔例〕（部下→上司）は「部下から上司への発話」であることを、また、（私→取引先）は「会社勤務の私から、取引先である会社の社員への発話」であることを示す。

A　（部下→上司）「出張のお土産です。どうぞご遠慮なさらずいただいてください」
B　（妹→兄の恩師）「兄が先生の授業はとても興味深かったとおっしゃっていました」
C　（私→取引先）「明日、当社（弊社）の課長の○○様がそちらにいらっしゃいます」
D　（私→私の友人の母親）「これは私のお姉さんから伺った話です」
E　（部下→○○課長）「いま○○課長がおっしゃられたことは、まさにその通りです」
F　（学生→○○先生）「こちらは△△先生も一度ご覧になられた資料です」
G　（学生→就職内定先社員）「先日、口頭でも言いましたが…」
H　（店員→客）「黒毛和牛のローストビーフでございます。こちらの特製ソースをお付けしてお召し上がりください」

解説

　私たちは、親しい友人とのみコミュニケーションをとって毎日を過ごすわけにはいかない。例えば、学生は教員と、また社会人は上司や取引先の顧客と直接会話を交わし、メールをやり取りしている。

　状況や立場が変化すれば、人間関係も変化する。そうしたなかで、円滑なコミュニケーションを行うためには、時と場所に応じて他者との関係を意識し、その関係にふさわしい、適切なことばを選んで使う必要がある。敬語は他者との関係の変化に伴う言葉の使い分けを規則化したものといえよう。したがって、敬語の知識を得ることは、社会生活を営むうえで重要となる。本章では、敬語についての基礎知識を学習することにする。

　なお、本章執筆にあたっては、文化庁文化審議会の答申「敬語の指針」（平成19年2月2日）を参照し、一部の用例を引用した。上記の答申では、敬語を5種類に分けて解説しているが、敬語の5分類は従来の3分類と対立するものではなく、従来の考え方に基づいてより細分化したものである。本章の目的が、日常生活における実践的な水準での基本的な知識の習得にあることから、従来の3分類に基づいて課題・解説を構成した。

☞ p. 38【敬語の5分類】

(1) 敬語の種類と用法─────◆

敬語は一般的に「尊敬語」「謙譲語」「丁寧語」の３つに分類される。

① 尊敬語

敬意の対象となる人物（あるいは組織・団体）の行為・状態・ものごとなどに用いる。動作の主体を敬うものである。

a　特定の語形（「いらっしゃる」「おっしゃる」など）を用いる

〔例〕来賓の○○先生が祝賀会場に<u>いらっしゃる</u>。

b　「れる・られる」を用いる

動詞に、尊敬の助動詞「れる・られる」を付けて尊敬語とする。

〔例１〕（係長→部長）「明日、○○課長は△△商事の方と<u>会われる</u>そうです」

〔例２〕先ほど、来賓の○○様が祝賀会場に<u>来られた</u>。

〔参考〕「行かれる」「食べられる」などの「れる・られる」を付ける表現より、「いらっしゃる」「召しあがる」など特定の語形を用いる方が、敬意の度合いは高いとされる。

また、「れる・られる」には尊敬の他に受身・可能・自発の意味がある。文脈によっては、特に可能（「～できる」）と尊敬のどちらの意味に受け取るべきなのか迷う場合があり、誤解を生みやすい。注意が必要である。

〔例１〕（学生A→学生B）「今日、C先生は大学に<u>来られる</u>そうだ。」

〔例２〕（学生A→学生B）「今日、C先生は大学に<u>いらっしゃる</u>そうだ。」

例1の「来られるそうだ」では、可能か尊敬かの判断がしにくい。例2のようにすれば、後者であることがはっきりする。

---

c　「お（ご）～になる（なさる・くださる）」を用いる

〔例１〕○○先生が新聞を<u>お読みになる</u>。

〔例２〕期日までに<u>お送りくださる</u>ようお願い申し上げます。☞ p. 36コラム⑥

d　形容詞・形容動詞・名詞に「お・ご」を付ける

敬意の対象となる人物（あるいは組織・団体）の状態（形容詞・形容動詞）やものごと（名詞）に、「お・ご」を付けて尊敬の意を示す。「<u>お忙しい</u>なか…」「<u>先生のお考え</u>」「<u>ご配慮</u>を賜りまして…」などがそうである。

② 謙譲語

主として自分（あるいは自分側の組織・団体）の行為・ものごとなどに用いる。自分側を低めることで動作の受け手を敬うものである。

a　特定の語形（「伺う」「申しあげる」など）を用いる

〔例〕卒業生が、お世話になった先生方に記念品を<u>差しあげる</u>。

b　「お（ご）～する（いたす・申しあげる）」を用いる

〔例１〕お客様の荷物を<u>お預かりする</u>（申しあげる）。

〔例２〕（受付係→来客）「応接室へ<u>ご案内します</u>（いたします・申しあげます）」

c　「お（ご）～いただく」を用いる

〔例1〕課題曲の演奏を〇〇先生に<u>お聴きいただく</u>。

〔例2〕卒業研究について〇〇先生に<u>ご指導いただく</u>。

d 「名詞」に「お・ご」を付ける

主に自分（あるいは自分側の組織・団体）のものごと（名詞）に、「お・ご」を付けて謙譲語とする。「先生への<u>お手紙</u>」「お客様への<u>ご説明</u>」などがそうである。

＊注 ただし、「先生からのお手紙」「お客様からのご説明」の場合、「お手紙」「ご説明」は尊敬語である。

③ 丁寧語

話し手（書き手）が聞き手（読み手）に対して、敬意を表して丁寧に述べる語。また、言葉づかいを上品に美化する語。文末に「です・ます・ございます」を用いたり、「お酒」「お料理」「御祝儀」「御無沙汰」などのように、接頭語「お・ご」を付けたりする表現がある。

(2) **敬語使用上の注意点**────◆

敬語を使用する際、以下のような点に注意する。

① 尊敬語と謙譲語を混同しない

× 〔例1〕（受付→来客）「担当者に<u>伺って</u>ください」

○ 〔例2〕（同）「担当者に<u>お尋ね</u>ください」（または「お聞きください」など）

② 原則として、身内に対して敬語を用いない

a 身内の行為・状態などに尊敬語を用いない

× 〔例1〕（子→母の知人A）「<u>お母さん</u>がAさんの絵を<u>ご覧になりたい</u>そうです」

○ 〔例2〕（同）「<u>母</u>がAさんの絵を<u>拝見したい</u>そうです」

× 〔例3〕（私→取引先）「<u>当社（弊社）の課長の〇〇様</u>がそちらにそのように<u>おっしゃった</u>と聞いております」

○ 〔例4〕（同）「<u>当社（弊社）の課長の〇〇</u>がそちらにそのように<u>申しあげた</u>と聞いております」

b 身内に対する自分の行為に謙譲語を用いない

× 〔例1〕これは、<u>私のお父さんからいただいた</u>時計だ。

○ 〔例2〕これは、<u>私の父からもらった</u>時計だ。

× 〔例3〕（私→取引先）「<u>当社（弊社）の専務に伺った</u>ところ…」

○ 〔例4〕（同）「<u>当社（弊社）の専務に聞いた（尋ねた）</u>ところ…」

a・bの例3・例4からわかるように、自分より立場や職位などが上の者であっても社外に対しては、自社の人間は全て「身内」となる。また、その場合、自社の人間は「課長の〇〇」といった表現をするのがよい。同じく、面接など改まった場面で自分の家族をいう場合も、「父・母」などが適切である。

③ 二重敬語を使わない

1つの語に、同じ種類の敬語が二重に含まれているものを「二重敬語」という。一般的に、「二重敬語」は不適切とされている。以下に、いくつかの例を示す。

a 尊敬語＋尊敬の助動詞「れる・られる」

　　　× 〔**例1**〕お客様が<u>いらっしゃられた</u>。

　　　○ 〔**例2**〕お客様が<u>いらっしゃった</u>。

　b　「お〜になる」＋尊敬の助動詞「れる・られる」

　　　× 〔**例1**〕先ほどから○○先生が<u>お待ちになられている</u>。

　　　○ 〔**例2**〕先ほどから○○先生が<u>お待ちになっている</u>。

〔**参考**〕「二重敬語」のうち、語によっては、「お召しあがりになる」「お見えになる」「お伺いする」「お伺いいたす」など、習慣として定着しているものもある。

---

④　「お・ご〜になる」と「お・ご〜する」を混同しない

　　「お・ご〜になる」は尊敬語なので動作の主体を敬う。よく似た語形「お・ご〜する」は謙譲語であり、動作の受け手を敬う。敬意の対象が異なるので注意する。

　　　× 〔**例1**〕この建造物の由来について、○○先生がゼミ生たちに<u>お話しした</u>。

　　　○ 〔**例2**〕この建造物の由来について、○○先生がゼミ生たちに<u>お話しになった</u>。

コラム❻　　　　　　　　「いただく」と「くださる」

　礼状などで「○○をお送りいただき（いただきまして）、ありがとうございます」といった表現を目にすることがある。「いただく」は「もらう」の謙譲語である。相手側（敬意の対象）の行為には尊敬語、自分側の行為には謙譲語を用いるという敬語の原則に照らせば、これは誤りとする立場がある。「お送りくださり（くださいまして）…」とするのが適切とする立場である。

　しかし、平成19年2月の文化庁文化審議会の答申「敬語の指針」（☞ p. 33解説）によると、この場合「お送りいただく」の用法も適切ということになる。同答申は「ご利用いただく」「ご利用くださる」を例に挙げ、「どちらの言い方も適切に敬語が用いられている」として、以下のように説明している。

　　　「御利用いただく」は，「私はあなたが利用したことを（私の利益になることだと感じ）有り難く思う」という意味を持った敬語である。（中略）自分側の立場から相手側や第三者の行為を表現した敬語であり，敬語の慣用的な用法として特に問題があるわけではない。

　また、答申は続けて、どちらが適切か、丁寧かという判断や受け止め方には個人差があるとも述べている。

資 料

【代表的な尊敬語・謙譲語】

もとの形	尊敬語	謙譲語	備　考
する	なさる	いたす	
行く	いらっしゃる おいでになる	参る 参上する 伺う	尊敬語「お運びになる」なども使う。また、「行ってもらうこと」の尊敬語としては「ご足労」が、「訪問する」の謙譲語としては「お邪魔する」がある。
来る	いらっしゃる おいでになる お越しになる お見えになる 見える	参る 参上する 伺う	尊敬語「お運びになる」なども使う。また、「来てもらうこと」の尊敬語としては「ご足労」がある。
いる	いらっしゃる おいでになる	おる	
会う		お目にかかる	
食べる 飲む	召しあがる あがる	いただく	「あがる」は、主に「おあがりになる」の形で使う。
知る 思う		存じる 存じあげる	
言う	おっしゃる 仰せになる	申す 申しあげる	
見る	ご覧になる	拝見する	
見せる		ご覧に入れる お目にかける	
聞く 聴く		承る 伺う 拝聴する	
聞かせる		お耳に入れる	
くれる	くださる		
もらう		いただく 頂戴する 賜る	尊敬語「お納めになる」も使う。
やる		差しあげる あげる	謙譲語「進呈する」も使う。

【自他の呼称】

	尊　称	謙　称		尊　称	謙　称
個人	そちら様　あなた様	わたくし　小生	友人	御令友	友人
父親	お父上　御尊父様	父	氏名	御芳名	氏名
母親	お母さま　御母堂様	母	家	貴宅	拙宅　小宅
子	お子様	子ども	手紙	お手紙　御書面	愚筆　一筆
男の子	御令息様	息子　愚息	意見	御高説　お説	私見
女の子	御令嬢様　お嬢様	娘	心遣い	御芳情　御高配	微志　薄志
家族	御一同様	一同　家族一同	品物	御佳品	粗品
会社	貴社　御社	弊社　小社	菓子	銘菓	粗菓
上司	御上司様	上司	志	御芳志	寸志

【あらたまった表現】

話し言葉	書き言葉	話し言葉	書き言葉	話し言葉	書き言葉
去年	昨年	さっき	先ほど	あれ・あそこ・あっち	あちら
今年	本年	いま	ただいま	どれ・どこ・どっち	どちら
おととし	一昨年	あとで	後ほど	どんな	どのような
きのう	昨日	こんど	このたび	どう	いかが
きょう	本日	すごく	たいへん・非常に	だれ	どなた・どちら様
あした	明日	ちょっと	少々	みんな	皆様
あさって	明後日	ほんとうに	まことに	〜くらい	〜ほど
おととい	一昨日	これ・ここ・こっち	こちら	人	方
このあいだ	先日・過日	それ・そこ・そっち	そちら		

【敬語の5分類】

	5分類		3分類
尊敬語	「いらっしゃる・おっしゃる」型		尊敬語
	相手側または第三者の行為・ものごと・状態などについて、その人物を立てて述べるもの。		
謙譲語Ⅰ	「伺う・申しあげる」型		謙譲語
	自分側から相手側または第三者に向かう行為・ものごとなどについて、その向かう先の人物を立てて述べるもの。		
謙譲語Ⅱ（丁重語）	「参る・申す」型		
	自分側の行為・ものごとなどを、話や文章の相手に対して丁重に述べるもの。		
丁寧語	「です・ます」型		丁寧語
	話や文章の相手に対して丁寧に述べるもの。		
美化語	「お酒・お料理」型		
	ものごとを、美化して述べるもの。		

課題1 次のあて先に手紙を出したい。付録③ a を使って封筒の表書きと裏書きを完成させなさい。なお、差出人の住所も書くこととし、その際の住所は実際のものでなくてかまわない。また、切手を貼り（貼る位置を指示）、その他の必要なことを施し投函できるようにしなさい。

① あて先

野山　陽一

② 住所

〒101－0051

東京都千代田区神田神保町1丁目14番地

③ 関係

高校時代の担任教師

課題2 付録③ b を使って、同窓会への出欠の連絡用返信葉書（出席予定）を完成させなさい。なお、住所などは実際のものでなくてかまわない。

解 説

　手紙には、世間で通用している暗黙の了解とでもいうべき規範がある。昨今は、手紙の形式を面倒なものととらえ、形式などは無視して送り手が自由に書けばよいという考え方もあるようだ。パソコンやスマホなどによる電子メール・SNS（ソーシャル・ネットワーキング・サービス）などの使用が、その考えを後押ししているともいえそうである。しかしながら、それは私的な信書の場合に許されることで、あらたまった用向きや仕事上で関係する相手などの場合には不適切なものであり、世間一般では容認されてはいないことだ。手紙は、何よりも相手との関係性の上に成り立つコミュニケーション手段である。差出人側の判断だけでは完結しない手段だといえる。関係性は、封筒の表書きや文面にも反映する。また、投函された手紙が、差し出した人の印象や人物評価を決定してしまうこともある。それゆえに持つべき教養の一つといっても過言ではないだろう。

　本章では、手紙を書くときの基本的なルールに関して、学習することにする。

(1) 手紙文の構成 ─────◆

手紙の構成は、原則として「前文」、「主文」、「末文」、「後付」の4つの要素から成り立つ。場合によっては「副文（添え文）」を添えた5つの構成要素を持つ。

〔**例1**〕縦書きの場合

＊注
①〜⑫は、42ページ以降の解説の番号に対応している。

なお、解説は縦書きの場合を想定している。

【後付】
山野原生命科学研究所⑪
主席研究員　鈴木美晴様⑫
五月一五日⑨
足立典也⑩

【末文】
末筆ながら、鈴木様のますますのご健康とご活躍をお祈り申し上げます。⑦
まずは、右お礼かたがたご挨拶にて失礼いたします。⑥
敬具⑧

【主文】
を頂戴し、感謝申し上げます。おかげさまで研究の第一線のご様子を直接拝見することができ、将来を考えてゆく上で、参考になりました。私の卒業研究もこれからが本番です。この度の経験を活かして、力を尽くしたいと存じます。本当にありがとうございました。④⑤

【前文】
拝啓①
新緑の候、鈴木様におかれましてはますますご健勝のこととお慶び申し上げます。②③
さて、先日はご多忙中にもかかわらず貴重なお時間

〔**例2**〕横書きの場合1

日付	令和2年6月8日⑨
あて名	廣瀬真帆様⑪⑫
発信人	足立典也⑩

【前文】
拝啓①
②入梅の候、③廣瀬様におかれましては、ますますご健勝にお過ごしのこととお慶び申し上げます。わたくしも学業にサークル活動にと、毎日を忙しく送っております。

主文	④さて、⑤先日は、わたくしの就職活動に際しましてひとかたならぬお力添えを賜り、誠に有り難うございました。おかげをもちまして、本日、第一志望であった株式会社◇◇◇より内定の通知が届きました。今は、第一志望の会社から内定をいただけた嬉しさでいっぱいです。これもひとえに、廣瀬様のご助言の賜物と、心より感謝申し上げます。このご恩を忘れることなく職務に励み、一人前の◇◇◇社員となれるよう努力いたしますので、今後ともご指導ご鞭撻のほど、何卒よろしくお願い申し上げます。
末文	⑥後日、改めてご挨拶に伺わせていただきますが、取り急ぎ書面を持ちましてお礼とご報告を申し上げます。 　⑦末筆ながら、廣瀬様のますますのご活躍とご健康をお祈り申し上げます。 　　　　　　　　　　　　　　　　　　　　　　　　　　　　　　　　　⑧敬具

〔例3〕横書きの場合2

日付	〔　　　　　　　　　　　　　　　　　　　　　　　　　　　⑨令和2年5月15日
あて名	⑪株式会社山野原出版 　人事部　採用係御中⑫
発信人	〒101-0051 東京都千代田区△△町7丁目14番地 ○○大学法学部法律学科3年　　⑩足立典也 携帯電話　090－1234－5678
前文	①拝啓 　②新緑の候、③貴社ますますご盛栄のこととお慶び申し上げます。
主文	④さて、⑤わたくしは、私学会館での合同説明会に参加させていただいた、○○大学法学部法律学科3年足立典也と申します。 　当日は、人事部採用係の小山様から懇切丁寧なご説明をいただき、誠にありがとうございました。おかげさまで、貴社の経営方針や具体的な仕事内容に関して十分な理解ができました。また、社員の方々の熱意あふれる姿、そして何よりも未来を見据えた貴社の目標に感銘を受け、是非とも入社したいという気持ちが高まりました。今後、さらに企業研究を進め、貴社に対する理解を深めたいと思います。 　つきましては、ご指定のありました下記の書類を同封いたしましたので、何とぞ宜しくお願い申し上げます。
末文	⑥まずは、お礼ならびに書類送付のご連絡にて失礼いたします。 　　　　　　　　　　　　　　　　　　　　　　　　　　　　　　　　　⑧敬具
特記事項	記 履歴書　　　　1通 自己推薦書　　1通 課題作文　　　1通 　　　　　　　　　　　　　　　　　　　　　　　　　　　　　　　　以上

《前　文》

① 頭語

　　手紙の最初に書く挨拶が「頭語」である。末文の「結語」と対応関係にある。相手との関係、用向き、緊急性などにより使い分ける。仕事上の通信では、漢語表現を使用するのが一般的である。私信の場合は、堅苦しさを避けるところから和語を用いた慣用的な表現にすることも多い。また、前文を省いた場合には、以下の「時候の挨拶」や「安否の挨拶」は書かないで、すぐに「主文」を書き出す。「火事見舞い」や「病気見舞い」などの場合には、「前文」は省略し「主文」から書き出す。

〔頭語と結語の例〕

手紙の種類	頭　　　語		⇨	結　語
一般的な場合	拝啓　拝呈　啓上	一筆申し上げます		敬具　敬白
丁重な場合	謹啓　恭啓　粛啓	謹んで申し上げます		謹言　頓首
急ぎの場合	急啓　急呈　急白	取り急ぎ申し上げます		草々　不一
返信の場合	拝復　復啓　敬復	お手紙拝見いたしました		敬具　敬白
同じ内容で再び出す場合	再啓　再呈	重ねて申し上げます		敬具　敬白
前文を省く場合	前略　冠省　略啓	前文お許しください		草々　不一

＊注　女性は結語として「かしこ」を使うこともある。すべての頭語に対応させて使えるが、私信に限る。

② 時候の挨拶

　　堅い印象を持つ「漢文調」の挨拶と、柔らかい印象の「口語調」の挨拶がある。あらたまった場合やビジネス文書には「漢文調」が使われ、友人や親しい間柄の人への手紙には「口語調」が多く用いられている。

　　「時候の挨拶」で大切なことは、季節感をしっかりと意識することである。多くの慣用表現が常套的に使用されているので、このようなことにも注意する必要がある。ただし、暦の上での季節と実際にその時感じている季節感との間にズレが生じている場合があるので、その点にも注意する。また、南北に長い日本列島では、差出人と受け取る相手との住んでいる土地の気候風土の違いなどにも配慮しなければならない。もちろん、海外のあて先に出す手紙の場合にも、同様の配慮が必要である。

　　なお、形式的な印象を持つ「時候の挨拶」だが、少しの工夫で個性の感じられる発信者らしい手紙を書くことができる。親しい人への個人的な手紙の場合などには、少しくらいの茶目っ気を出してみるのもよいだろう。

〔時候の挨拶の例〕

正　月	新春の候	初春の候	迎春の候	新年を迎え
一　月	酷寒の候	厳寒の候	厳冬の候	寒さ厳しき折
二　月	晩冬の候	余寒の候	春寒の候	梅もほころびはじめ
三　月	早春の候	浅春の候	桃花の候	桜のたよりも届きはじめ
四　月	桜花の候	陽春の候	春暖の候	花のたよりに
五　月	惜春の候	若葉の候	新緑の候	風薫る五月を迎え

六　　月	初夏の候	入梅の候	麦秋の候	梅雨明けが待たれるこの頃
七　　月	盛夏の候	炎暑の候	酷暑の候	猛暑到来
八　　月	晩夏の候	残暑の候	新涼の候	暦の上では秋を迎え
九　　月	初秋の候	新秋の候	秋涼の候	食欲の秋を迎え
十　　月	仲秋の候	秋冷の候	寒露の候	鮮やかな紅葉の季節となり
十一月	晩秋の候	向寒の候	霜降の候	小春日和のつづく
十二月	初冬の候	寒冷の候	寒気の候	師走を迎え
歳　　末	歳末の候	歳晩の候	年末の候	年の瀬も押し詰まり

③　安否の挨拶

　　相手の安否を問う挨拶の後に、自分側の安否を続ける。ただし、相手への「見舞い」や、自分の良くない様子を伝える手紙の場合には、「安否の挨拶」は省く。また、「挨拶状」や「招待状」、相手が企業や官公庁の場合には、自分側の安否の挨拶は書かない。

〔参考〕感謝やお礼、お詫(わ)びの言葉

　必要に応じて、無沙汰を詫びたり、お礼の言葉を入れておく。ただし、詫びることのある場合には、まだ前文であることを考えて、具体的なことを書く必要はない。また、お礼を伝えたり、詫びるべきことに具体的なことがらがなくても、この一文が入ることで全体に丁重な印象を与えることになる。

《主　文》

④　起辞

　　本文に入る際の書き出しの言葉。一般的には、「さて」を使用することが多い。

さて　ところで　ついては

⑤　本文

　　伝えるべきことが正確に間違いなく相手に伝わるように、文章の構成に気を付けて書く。１文の長いものや曖昧な表現は、誤解が生じやすいので注意する。用件が複雑な場合などは、箇条書きで用件を示すような工夫が欲しい。また、「転居通知」や「依頼状」などは形式が整っているので、例として参考にすべき手紙を持っているとよい。

《末　文》

⑥　用件の総括

　　本文（用件）の内容をまとめたり、繰り返して確認したりする。

⑦　結びの挨拶

　　手紙を締めくくる部分になる。相手の健康や発展を祈る言葉、手紙での非礼（具体的なことがなくても）を詫びる言葉を書く。

貴社のますますのご隆盛を祈念いたします
ご家族の皆さまのご健康をお祈り申しあげます
乱筆乱文をお詫び申しあげます

⑧　結語

　　「頭語」に対応させる。☞ p. 42 ［頭語と結語の例］

《後　付》

⑨　日付

　　行を改めて2、3字下げて、本文より小さく書く。日付は、「手紙を書いた日」か「手紙を投函する日」のいずれかでよい。ただし、年賀状や暑中見舞い状などの儀礼的な手紙の場合には、「元旦」、「令和二年盛夏」、「八月吉日」などのように書くのがよい。

⑩　差出人名

　　日付の次の行に、姓と名とを書き、行末を1字分空けるのがよい。代筆の場合には、氏名の後に、小さく「代」あるいは「代筆」と書き添える。夫の代わりに妻が書いた手紙の場合には、「内」とする。☞ p. 45 ③

⑪　あて名（受取人）と　⑫　敬称

　　姓と名を書き、敬称を添える。また、連名の場合には上位の人から書き始める。

様	一般的。地位の上下、年齢の差、男女の別などに関わりなく用いる。
殿	公用文や商業文など、団体や組織から個人にあてる場合に用いる。
御　中	個人ではない、団体や組織などに用いる。
各　位	複数名に出すとき、個人名を省略する場合に用いる。

＊注　「先生」と呼ばれる人には、敬称として「先生」を用いるのが一般的である。

＊注　近年多く見られる「各位殿」は誤りである。なお、「お客様各位」も本来は誤用だが、ビジネス文書などで大勢に対して敬意を強調して使われることもある。

⑬　脇付

　　あて名の脇（左下）に添える語。あらたまった場合に相手に対していっそうの敬意を込めて添えるが、相手との関係によって使い分ける。近年は使わない傾向にある。また、ビジネス上の手紙には使わない。

目上に対して	侍史　執筆　尊下　御前
同輩に対して	机下　案下　座右
父母に対して	御前
女性に対して	みもとに　御前に

＊注　後付で脇付を用いたら、表書きでも用いる。

《副　文》

　本文に書き漏らした用件や、本文に書きにくい内容などを書き加える場合に用いるが、目上の人への手紙としては、本来は好ましくない。

⑭　起辞

追伸　追って　二伸　追白　なお　なおまた

⑮　追加の用件

　　簡潔な文章にまとめて書く。

(2) 手紙文を書くときの注意────◆

　手紙（宅配便も含めて）を差し出すときに知っておきたい注意事項を以下に挙げる。

〔表書きなどについて〕

① 　気付：相手の居住している住所ではなく、一時的な滞在場所や立ち寄り先などに手紙（宅配便・電報など）を送るときに、あて先の下に用いる断り書き。よく似た用法に「方」があるが、「方」は寄宿先の人に付けて用い、「気付」はあて先に付けて用いる。

　　〔**例**〕 ○○ホテル気付　　　　中川さち子様方

② 　封筒の表面には不要な文言は書いてはならないが、縦封筒（縦書き封筒・和封筒）や葉書の左側に、次のような表示をおこなう場合がある。横封筒（横書き封筒・洋封筒）でも同様に用いる。

　　a 　年賀・速達など：郵便物の特殊取り扱い表示。切手の下側に赤字で書く。私製年賀状では「年賀」の赤字がない場合、通常の郵便物と同様の扱いがされる（元日の限定配達にならない）。

　　b 　履歴書在中・二つ折厳禁など：送り手への注意喚起や郵送上（取り扱い上）の注意書きを赤字で表示。前者では「応募書類在中・請求書在中」など「○○在中」と赤字で記す。就職・転職などの書類の送付では忘れないように注意する。また、「至急・重要」などの注意喚起を赤字で記すこともある。郵送上の注意書きには、他に「水濡注意」などがある。宅配便では、「天地無用・ワレモノ注意・易損品・上積厳禁」などもよく使われる。

　　c 　侍史・机下など：脇付の項を参照（☞ p. 44 ⑬ 脇付）。なお、あて名に添えて用いる敬称の中の「各位・御中」は脇付の役割も含んだ敬称なので、脇付は用いない。

　　d 　親展・直披など：「外脇付」とも呼ばれる（上記のb・cも含めて外脇付と呼ぶこともある）。「親展・直披」ともに本人自らの開封を冀う意で、相手の敬称の左側に赤または通常の色で記す。脇付の「侍史・机下」などは「直接にお渡しするのではなく」の意を含むので、これらを用いたら「親展・直披」は使わない。

③ 　手紙は本人自筆が好ましいが、近年はパソコンなどで作成した手紙も多い。その場合は、後付の差出人署名（差出人名）は自筆にするのがよい。病気・不在などの止むを得ない理由で本人が書けない場合は、代筆もありうる。その場合は、差出人名の左脇に「代」や「○○代筆」（○○は代筆者名）と小書きをする。妻が代筆した場合は「内」と小書きする慣習もある。☞ p. 44 ⑩ 差出人名

〔手紙本文について〕

① 　文体は敬体を用い、相手への敬意を失わないように注意する。前文・主文・末文の文体は統一する。

② 　手紙を書く際の基本的な心構えは、相手への敬いの心にあるといえる。そのため、自他の呼称には敬意を含んだあらたまった表現が用いられることが多い。これらは手紙文でのみ見られる特殊な言葉のように感じられるが、近年はビジネス用語としてメールやクライアントへの説明などで多用される傾向にある。正しく理解して適切に使える必要がある。☞ pp. 37-38資料

③　相手への敬意を表す方法は、使用する語と言い回しばかりではない。「字配り」に
　ついても配慮することが慣習となっている。縦書きでは次のような点に気を付けたほ
　うがよい。
　　・行頭に書かない…………自分の側を表す言葉・助詞・助動詞
　　・行末に書かない…………相手の側を表す言葉
　　・2行にわたらせない……氏名・地名・数字・金額

〔封筒・便箋・筆記用具などについて〕

①　封筒の封は糊付け（のりづけ）にする。セロテープやホッチキスは非礼とされる。縦封筒では
　「〆・封・緘」などの封字を記す（×印は誤り）。横封筒・国際郵便・ビジネスレター
　などでは封字は略されることも多い。

②　横封筒を縦に使用する場合（冠婚葬祭の案内状送付など）、通常は右側から閉じる
　形式（右閉じ）、不祝儀では左側から閉じる形式（左閉じ）で封をする。ともに封で
　ない側（通常は左側、不祝儀は右側）に差出人の住所・氏名を縦書きで書く。

③　便箋の折り方にも慣例がある。縦封筒では、便箋の文面を内側にして下から三分の
　一を上に折り、上から三分の一を下に折った三つ折り（あるいは下から上に上辺・下
　辺を合わせて一度折り、更に下から上に同様に折った四つ折りも可）にする。そして
　封筒の開封部（封字部分）に書き出し箇所の裏面が来るように入れる。横封筒では種々
　の折り方がある。

④　親しい相手に書類・贈答品などを送るときには、簡略化したカバーレター（添え状）
　として一筆箋を用いることも多い。形式は自由で、簡潔に1～2枚に納める。主文の
　みでもかまわない。贈答品に同封するときは封筒に入れた方が丁寧である。

⑤　あらたまった相手には、白地の便箋・白系の二重封筒（不祝儀の場合は一重封筒）で、
　黒・ブルーブラックのインクを用いるのが最良とされる。また、弔意の手紙を除いて、
　私信では便箋を2枚以上にするのが好ましい。どうしても1枚で納まった場合は白紙
　を添えて2枚とする（1枚だけでも可とする向きもある）。原稿用紙・レポート用紙
　での代用や事務用封筒の使用、鉛筆書き、修正液使用などは非礼とされる。赤字で書
　いた手紙や逆さに貼った切手は非礼とされてきたが、近年は頓着しない傾向にもある。
　あまり堅苦しく考えずに手紙・葉書を出してよいが、社会人としてのマナーは知って
　おいた方が好ましい。

〔便箋の折り方〕

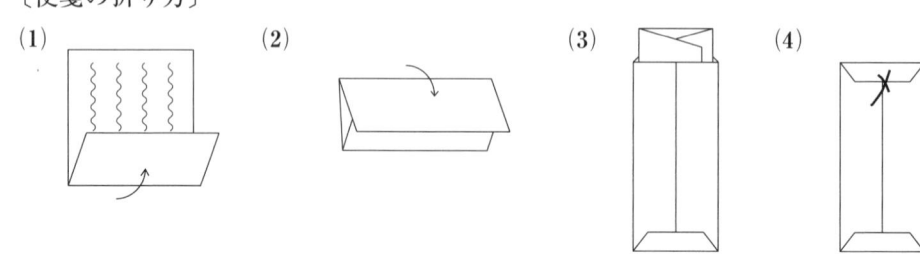

(1)　　　　　　　(2)　　　　　　　(3)　　　　　　　(4)

◆**第8章**

効果的な電子メールとは？
メールの書き方・使い方

課題1 以下の通知を電子メールで送る場合の文案を付録④を使って作成しなさい。

件名：証券研究会ＯＢ・ＯＧ会のお知らせ

対象者（あて先）：○○大学　証券研究会卒業生

日時：令和３年３月27日（土）　午後６時から８時まで（受付開始午後５時半）

場所：○○ホテル３Ｆ　寿の間

　　　東京都千代田区富士見ヶ丘１－２－３

　　　ＪＲ飯田橋駅西口より徒歩１分

　　　(03)　××××－××××

　　　URL:http//www.○○hotel.org

会費：１万円（当日集めます）

発信者：証券研究会会長　○○大学経営学部３年　田中一郎

　　　　e-mail:tanaka-ichiro@○○-u.ac.jp

　　　　携帯電話090－××××－××××

＊注１　発信者は代表幹事、連絡係を兼ねている。

＊注２　３月10日までに出欠席の回答を求める内容とする。

課題2 メールの件名（Subject）について、より適切と思われるほうを選びなさい。

(1)A　お願い　　　　　　　　　　　　　B　日程変更のお願い

(2)A　経営戦略会議資料送付　　　　　　B　資料送付の件です

(3)A　スキー部歓送迎会のご案内　　　　B　ご案内

(4)A　ありがとうございました　　　　　B　忘年会のお礼

(5)A　出欠席の回答のお願い（至急）　　B　参加の確認です

解説

　ビジネスでもプライベートでも、電子メール（electronic mail: e-mail）で用件を伝える機会が増えてきている。デジタル化して簡単に他人に伝えられる情報には、写真などの画像、動画、音声なども含まれるが、最も手軽にやり取りができるのは文字（テキスト）形式である。データに間違いがないかチェック可能であるし、送付後も残るため内容の

再確認も可能である。デジタル化が進むほど、短時間で簡潔に用件を伝える文書を書く能力が必要とされてきている。

　本章では、電子メールを使って自分の考えを的確に相手に伝える方法を学習することにする。

(1) ルールを守る（相手の立場になって考えよう）―――◆

① メールを書くとき

　a　件名を忘れない。

　b　1行は30〜35字くらいまでとし、行数はスクロール（表示内容を移動）しなくても全画面が見られる程度にする。

　c　こまめに改行を取り入れ、意味内容ごとに1行の空きを入れるなどレイアウトに工夫する。

　d　機種依存文字（①・㊥・㌘など）や半角カタカナは使わない。

　e　第三者に対するプライバシーの侵害や不利益を及ぼす内容、公序良俗に反する内容のメールを送らない。

　f　フェイスマーク（顔文字）は親しい間柄以外では使わない。

② メールを送るとき

　a　送信前に必ず読み返し、漢字の変換ミスなどがないかをチェックする。

　b　あて先を確かめてから送信する。

　c　CC・BCC の乱用などで、不要な情報を送り付けない。

　d　転送メールの内容には手を加えない。

　e　HTML 形式はなるべく控え、テキスト形式で送信する。

　f　クレジットカード番号などの重要な個人情報や重要な機密などは送らない。

　g　返事に時間がかかるときには、受け取ったことだけでも伝えておく。

　h　返信メールの場合は、件名は変えない。

③ その他の注意事項

　電子メールは、コンピュータネットワークを介してやり取りされる。サイズの大きいファイルを予告なしに添付しないなど、相手の負担にならないような気づかいも必要である。なお、携帯メールへ送信する場合には、送信時間に配慮する。

　さらに、具体的には次のような点に注意する。

　a　わかりやすい簡潔な文章を書く

　　素早くやり取りができるということも電子メールの特徴である。わかりやすい文章を書いて、効率を上げなければならない。

　b　画面上で見やすい表現にする

　　メールソフトによる機能の違いや、画面上の制約に注意しながら見やすい表現になるように工夫する。

　c　件名は短く具体的に

　　件名は簡潔でわかりやすく、メールの内容を想像できるものが好ましい。できる

だけキーワードを含め、受信した人が何のメールか判断しやすくなるようにする。
　緊急度の高いメールはタイトルでそれがわかるようにする。

〔**参考**〕CC は Carbon Copy の略で「写し」の意味である。あて先以外の人に参考までに伝えておきたいときに使う。
　BCC は Blind Carbon Copy の略である。CC とは違ってあて先の人や CC の受信者の画面には名前が表示されない。送信するメールの内容を当事者ではない誰かに知らせておきたいときや、複数の人にあてたメールのメールアドレスをお互いに知ることがないようにしたほうがよいと判断されるときに用いる。あて先については、送信者にも残らないので気をつけること。

(2) ネチケットとは────◆

　ネット・エチケット（略してネチケット netiquette = network + etiquette の造語）とは、ネットワークを使う上で知っておきたいエチケット（倫理的基準）のことである。ネチケットは「絶対に守らなければならない事項」ではなく、ネットワークや電子メールをこれまで長年使ってきた人たちによる知識や経験則を集積したものであり、ネチケットは時や状況とともに変わる点にも注意が必要である。
　インターネットを使って多くの人とメールのやりとりをする場合、気をつけないと相手がメールを読めなかったり、まわりに迷惑をかけたりするなど、いろいろと問題が起きることがある。トラブルを避け、メールを気持ちよく使うための、ちょっとした「マナー」や「ノウハウ」がネチケットである。
※ネチケットの例
・半角カナは使わない（文字コードに配慮する）
・著作権を尊重し、引用には注意を払う☞ p. 15 (5) **文献の引用**
・チェーンメールを出さない、転送しない

資料

〔例1〕お知らせのメール

件名：学園祭実行委員会開催のお知らせ

学園祭実行委員各位

委員長の山本二郎です。

表題の件、下記のとおり開催いたしますので、ご参集ください。
なお、都合がつかない方は、事前にお知らせください。

　●　日時：2020年10月22日（木）14：40～16：10
　●　場所：農学部2号館23番教室
　●　テーマ：（1）学園祭のタイムスケジュールについて
　　　　　　　（2）学園祭当日の分担について
　　　　　　　（3）その他
　※本会議で取り上げたい内容がありましたら、開催日前日までにご連絡ください。

　以上

　＊＊＊＊＊＊＊＊＊＊＊＊＊＊＊＊＊＊＊
　山本二郎
　○○大学　農学部4年
　e-mail:jiro_yamamoto@ ○○ -u.ac.jp

・件名（Subject）は、キーワードを含ませながら端的に示す。
・最初に、あて先と発信者名を書く。
・箇条書きにして簡潔に書く。
・日にちには曜日も入れる。
・「●」「※」などの記号を用いメリハリをつける。
・最後に「以上」で終わる。電子メールでは左右どちらにおいてもよい。
・署名（差出人の氏名やメールアドレス）を最後につける。
・本文の改行に際しては、メールでは意味内容にかかわらず、機械的に改行する傾向が
　強い。

〔例2〕お願いのメール

　件名：貴社訪問に際してのお願い

　KANRIN自動車株式会社
　販売促進部　吉田美子様

　○○大学工学部の田中純です。
　昨日はお電話で失礼いたしました。丁寧に対応いただき、心よりお礼申しあげます。
　3月11日（木）に貴社を訪問させていただく際、主に以下の事柄についてお教えい
　ただきたいと存じます。
　　　○　販売促進部の仕事内容について
　　　○　入社にあたり必要とされる技能等について

貴重なお時間を頂戴して申し訳ありませんが、何卒よろしくお願い申しあげます。

＊＊＊＊＊＊＊＊＊＊＊＊＊＊＊＊＊＊＊

田中純
○○大学　工学部3年
e-mail:j-tanaka@ ○○ -u.ac.jp

〔例3〕お礼のメール

件名：○○フォーラム2020ご来場御礼

　　○○フォーラム2020ご来場者各位

本日はお暑い中、○○フォーラム2020の弊社ブースにお立ち寄りくださいまして、ありがとうございました。
弊社ブースでは、新会計処理ソフトについてのお話を中心に説明させていただきましたが、至らぬ点も多々あったのではないかと懸念いたしております。
ご質問などございましたら、ぜひご連絡くださいますようお願い申し上げます。

まずは、略儀ながらメールをもってお礼申し上げます。
─────────────────────
ＹＹ株式会社ソフト関連事業部
小野とし江
TEL/FAX　03－XXXX－XXXX
e-mail:ono-toshie@yy.co.jp

・お礼のメールは速やかに出す。タイミングを逸したメールでは効果は半減してしまう。
・面識のない人にメールを出す場合は、失礼のないように表現に十分注意しながら丁寧に書く。
・重要な内容である場合には、手紙が望ましい。☞**第7章手紙を書こう**

〔**参考**〕最近は就職活動で資料請求などする際に電子メールを使う場合がある。次のような点に注意する。

・画面上で選択してチェックを入れる場所などに、誤って入力していないかを、送信前によく見直す。

・指定されている文字が全角か半角かを確認する。

・名前や住所などのふりがなは「ふりがな」と書いてあればひらがなで、「フリガナ」と書いてあればカタカナで入力する。

・住所はアパート・マンション名まで省略せずに書く。

・プリントアウトし、手控えとして保管しておく。

コラム 7　　　　悪魔が来りてデータを飛ばす！

　パソコンで資料を作成する場合、さまざまな情報を集める過程で、自分はどのようなアプローチをしていくのかがかたまっていくだろう。そこからキーワードを抽出し箇条書きにしたものがアウトライン、つまりプレゼンテーションやレポートのコンテンツである。アウトラインはあくまでもスタート地点である。柔軟に変更し、よりよいものを完成させよう。

　プレゼンテーションやレポートの作成には期日がある。「パソコンのデータが消えてしまったので、資料が間に合いませんでした（レポートが出せません）」という言い訳はもちろん通用しない。だがこの悲劇に絶対に自分が見舞われないとは限らないのだ。仮にこの不幸に見舞われても、誰も同情も信用もしてくれないだろう。

　パソコンは便利であるが、操作ミスでファイルを消してしまったり、ソフトウェアのエラーでファイルが壊れたり、開けなくなることがある。もちろんパソコン自体が壊れてしまうこともある。大学等で共有パソコンを使用している場合には、混雑していて利用できないこともある。常に最悪の事態を想定し、万全の態勢で臨まなくてはならない。

　対策としては、必ずデータのバックアップをパソコン本体だけではなく、USB メモリなどの外部記録媒体にも保存するようにしよう。資料を作成する場合、更新されたデータのバックアップはそのつど取り、常に最新のデータが本体以外にも保存されているのがのぞましい。

◆第9章

効果的な文書作成
エントリーシート・届出書・願書・公文書・履歴書の書き方

課題1 あなたはどのような人ですか。付録⑤ a を使って紹介文を作成しなさい。〔400字以内〕

課題2 あなたが学生時代に最も夢中で取り組んだこと（取り組んでいること）について、付録⑤ b を使って説明文を作成しなさい。〔400字以内〕

解 説

　エントリーシートは、まず相手がどのようなことを聞きたがっているのか、を考えるところから始めなくてはならない。質問をよく読み、相手が何を期待しているのか（求めているのか）を見定めた上で戦略を練り、よく考えてから記入する。自分をアピールするためには、どのような経験を説明すれば最もよいのかを考えることが大切である。

　正解の文章は1つではない。上の2つの課題をとおして自分の本当の姿をとらえ、提出先に合わせて柔軟にかつ戦略的に文章を練り直すことが必要である。相手が「どのような人材を必要とするのか」を正確に押さえた上で自己アピールをするべきである。

　本章では、魅力的なエントリーシートを書くためにはどうしたらよいのかについて学習することにする。またある程度形式が決まっている、届出書・願書・公文書・履歴書の書き方についても学習する。

(1) エントリーシートの作成────◆

　エントリーシートとは採用選考を行う際に学生に提出を求める応募書類の1つである。次のポイントに留意するとよい。

① 　ストーリーを作る

　　学生時代にやったことと、自分の将来の夢（仕事）がどのようにつながっているか。仕事を通じて実現できる夢は何か。自分の歴史を踏まえた上でアピールできることは何なのか。筋の通ったストーリーになっているか。

② 　自分のセールスポイントは

　　どのような人材が求められている業種であるのかを正確に把握し、自分のどのような経験がアピールポイントになるのかを見極める。

③ 　コミュニケーションが円滑にとれているか

自分の考えていることを、きちんと伝えようとする意志があるか。本当の想いを表現することができるか。単に協調性があるというだけではなく、誠実に人と向き合い、言葉を尽くすことができるか。

④ 読み手がどのように感じるのか

どこかで見たような文章になっていないか。自分なりの経験から何を感じ、考え、どのように現在の自分とつながっているのか。また将来の自分像のためにどのような努力をしているのか、自信を持って自分の言葉で相手に伝えられることができるか。自分の本音が書かれていないと文章がブレてしまう。

⑤ 自分を「知る」ための努力をしているか

自分としっかり向き合い、長所・短所を知った上で、責任のある行動や発言をすることができるか。自分の役割を理解した上でマイナスをプラスに転化するほどのパワーを感じさせることができるか。

エントリーシートは文字やレイアウトが重要である。文字の大きさ、丁寧さ、句読点や記号の使い方、余白など、読み手にとって本当に読みやすいものになっているかどうかを確認しよう。読みやすさを追求したレイアウトになっているか、また1回読めばきちんと伝わる文章になっているかが重要である。

(2) 自己分析シートの作成————◆

自分を知るために「問い」をたて、「答え」を文章化し、自分について書くための「シート」を余裕をもって作成しておくとよい。

・一番楽しかったこと、哀しかったこと、悔しかったこと、辛かったこと。
・一番困難だったこと。それをどのように克服したか。
・一番力を入れてきたこと。
・一番関心を持っていること。
・一番情熱を傾けていること。
・一番尊敬している人。その理由。
・一番影響を受けたこと（人）。
・自分が誇りに思っていること。
・感動したこと（経験・映画・本など）。
・自分の最も輝いているとき。
・自分が挑戦してきたこと。これから挑戦したいこと。
・自分が職務（アルバイト）経験で得たこと。
・自分が自慢できること。
・自分が最も大切にしていること。
・自分にとって仕事とは。
・自分が実現させたい夢や目標。
・5年後のキャリア目標・長期のキャリア目標。
・仕事（志望業界）を選ぶ条件。

(3) 届出書・願書の書き方―――――◆

　先方へ願い出て許可を必要とする「願書」をはじめ種々の「届」にも、一定の型がある。あらかじめ各機関で用紙が用意（または指定）されている場合はそれを用いる。指定がない場合は、次のような形式で書くとよい。

〔例1〕欠席届

欠席届

　　　　　　　　　　　　　　　　　　　　　令和　　年　　月　　日

　　　　　先生

　　　　　　　　　　　　　　学科　　年　　　　　　番
　　　　　　　　　　　　　　　氏名　　　　　　　　㊞

　下記の理由で○月○日（○曜日○限）の「○○○○」の授業を欠席しますので、お届けいたします。

理由

〔例2〕借用願

借用願

（所轄部署名）　　　　　　　　　　　　　令和　　年　　月　　日
　（所轄長名）殿

　　　　　　　　　　　　　　　　　　　　　　○○○○ゼミ
　　　　　　　　　　　　　　学科　　年　　　　　　番
　　　　　　　　　　　　　　　氏名　　　　　　　　㊞

　　1、借用場所　　　　本館3階34教室
　　1、借用日時　　　　令和2年4月21日（火）
　　　　　　　　　　　　午後2時40分〜4時10分
　　1、借用目的　　　　ゼミナール大会のための打ち合わせ
　　1、参加人数　　　　25名

　　上記の通り教室を借用いたしたく、お願いいたします。

(4) 公用文の書き方━━━━◆

　官公庁や企業などの組織の中で、さまざまな連絡・確認の手段となり、また仕事上の証拠ともなるのが「文書」である。細かい書式については、組織によっていろいろな規則があるが、用件を正確に伝え、簡潔であることが求められる。

〔例〕通知書

①総発　1217号
②令和2年7月15日

③課長各位

④総務課長
　佐藤　学　㊞

⑤課長会議について（通知）

　⑥次回課長会議を下記のように開催いたしますので、ご出席いただきますようお願い申し上げます。

⑦記

1　日時　　　令和2年8月6日（木）午後2時～
2　会場　　　本社第一会議室
3　議題　　　新商品のプレゼンテーションについて

⑧以上

①　文書番号　　発行部署の通し番号が打たれ、確認する場合に便利である。
②　発信日付　　省略せずに元号から記入する。
③　受信者　　　あて名の敬称は、個人には「殿」（近年は「様」が主流）、会社や団体などの組織には「御中」が一般的。「各位」は不特定の場合、「該当する方々」という意味である。☞ p.44 ⑫ 敬称
④　発信者
⑤　表題
⑥　本文
⑦　本文に下記とした場合、下に「記」と書き用件を並べる。
⑧　終わりであることを示す。

＊注　添えるべきことがあれば、「付記」として最後に加える。

〔例〕履歴書

① 　　年　　月　　日		⑥
ふりがな②	④	写真 4cm×3cm
氏名③	㊞	
生年月日⑤　　　年　　月　　日生　（満　　歳）		
ふりがな 現住所⑦　〒　　－	電話 （　　） FAX ⑨	
e-mail: ⑧	携帯電話番号 （　　）	

年	月	学歴・職歴
⑩		⑪

(5) 一般的な履歴書の書き方————◆

　筆記用具は黒またはブルーブラックの万年筆・ペンが望ましい。字は略さず、楷書で書くこと。間違えたときは、新しい用紙に書きなおす。

① 　郵送する場合は投函（とうかん）する日付、持参する場合は当日の日付を記入する。

② 　「ふりがな」はひらがなで、「フリガナ」はカタカナで記入する。

③ 　氏名は戸籍どおりに書く（略字を使わないこと）。

④ 　印は朱肉をつけて真っ直ぐに押す（インキ浸透印は使用しない）。

⑤ 　数字はアラビア数字（1．2．3……）を用い、年齢は①の時点での年齢になる。

⑥ 　写真を添付する場合は、のりづけする前に油性のペンで裏に名前を書いておくとよい。表情・髪型・服装も重要である。

⑦ 　マンション・アパート名なども略さずに住民票と同じように記入する。

⑧ 　正確に記入する。とくに「－」と「＿」、「・」と「.」の違いなどは明確にする。

⑨ 　ない場合は空欄にせず「なし」と記入する。

⑩ 　西暦の場合は「2020」、元号の場合は「令和2」などと記入する。同じ年が続いても「〃」「同」などは使わない。

⑪ 　学歴は中学校卒業から書き始める。同じ学校名が何度も出てくる場合でも、「〃」「同」は使わず全部書く（高校卒業以降からなどの指示がある場合はそれに従う）。大学は学部、学科とも記入する。学歴と職歴は分けて書く。1行使って「学歴」または「職歴」と書いてから、それぞれの経歴を記入する。ない場合、改行して「なし」と書く。アルバイトは職歴には入らない（自己アピールに役立つ場合には書くことが可能）。書き終わりに「以上」と記す。

コラム ⑧　　　勝つためのエントリーシート

　エントリーシートは限られたスペースに文章を書かせることで、採用側が書き手の経験や人柄を深く知ろうとするものである。採用試験の第一関門と考えてよい。提出先についてきちんと下調べをし、興味を抱いたきっかけや印象、自分はそこでどのような役割をはたすことができるのか、強い動機が熱意をもって書かれていなくてはならない。同じエントリーシートを複数の企業に出す、などというのは言語道断である。企業の事業内容についての分析がなされた上で、自分を採用することで企業はメリットを得ることができる、ということがきちんとアピールされていなければならない。採用側を納得させるためには、同業他社と差別化し、その会社でなければならない理由を書く。それは深い企業研究のもとに導き出されるものである。早めに希望業種のエントリーシートの傾向を知り、対策を練ることが必要である。

　一般的なエントリーシートは大きく分けて「履歴書」と「自己紹介・自己 PR」の部分に分けられる。「履歴書」の部分はほぼ共通しているが、「自己紹介・自己 PR」の部分は業種によってかなりの違いがある。つまり「自己紹介・自己 PR」部分にはその企業の求める人材であるかないかを判断できるような材料が必ずあるはずなのである。企業側はエントリーシートを用いることで、志望意志の強い、その企業にあった希望者を見極めることができるからこそ実施するのである。

　最近は Web 上でエントリーする場合と、手書きシートを提出する場合がある。提出についても①あらかじめ請求し、期限までに提出するもの、②会社説明会の時に配られ一定の時間内に提出するもの、がある。特に②の場合には、限られた時間の中でどれだけ自分を表現できるかがポイントになる。場当たり的にではなく、余裕のある時にこそ準備をしておくことが大切である。準備をしておくと自分の考えが明確になり、面接でも一貫性をもった話ができ、相手を納得させることができる。余裕のある時に自分について書くためのシート（エントリーシートの下書き）を家族、友人などに見てもらい、客観的なアドバイスをもらうとよいだろう。

　Web エントリーの場合、「表現力」によって「他の人とは違った自分」をアピールすることが必要になる。どこかで見たような内容の羅列だと採用側の目に留まることはない。

　手書きのエントリーシートの場合、丁寧に書き、誤字・脱字をしないことは大前提であるが、業種によってはレイアウトや言葉のセンスが必要とされる場合もある。戦略的に作成することが重要である。

　どのようなエントリーの仕方であっても、きちんとした日本語を使い、自分の考えを伝えることが必要となる。簡単に思われるが実はとても難しい。多くの語彙を持ち、表現力をつけるためにも、さまざまなメディア（インターネット、テレビ、本、新聞等）の表現に触れ、日常的に意識しストックするようにしよう。

◆第10章

冠婚葬祭・贈答のしきたり
祝儀袋・不祝儀袋などの書き方と使い方

課題1 次のような場合に用いる、祝儀袋・不祝儀袋としてふさわしいものを、付録⑥aのア〜エから選び、その表書きを施しなさい。なお、祝儀袋・不祝儀袋の持参者は、各自の名前を使うこと。

A　高校時代の友人中村花子さんのお母様（中村雪子さん）が亡くなったので、葬儀（仏式葬）に 5,000円をお包みして行く。

B　大学時代の友人（石川めぐみさん）が大河内武男さんと結婚することになり、その披露宴に招かれたので、30,000円をお包みして行く。

C　会社の同僚佐藤憲太さんの奥様（佐藤みさきさん）が、赤ちゃん（亜斗夢ちゃん）を出産したので、そのお祝いに 5,000円をお包みする。

D　茶道部の先輩藤井春美さんが入院したので、1年生全員で、お見舞いとして計10,000円をお包みする。お金を出したのは、上田政子・木下次郎・佐川進・森あすか、そして私の計5人。

課題2 次のA〜Dの行動が、社会的通念に照らし合わせて適切な場合は○、不適切な場合は×を答えなさい。また、不適切な場合はその理由を説明しなさい。

A　「暑中お見舞い」の葉書をいただいたら、その返事は「残暑お見舞い」で出す。

B　自分が年賀状を出していない人から年賀状をいただいたが、海外に出掛けていて、年賀状を目にしたのが1月8日であった。そこで、寒中お見舞いとして返礼を出し、不在のために欠礼したお詫びを記した。

C　お中元やお歳暮は、紅白の水引を蝶結びにして熨斗を付けて贈るのが慣例である。あるいは、それらが印刷された熨斗紙で代用することも可能である。

D　喪中はがきは、出来る限り12月上旬までに相手に届くように送る。

解説

　私たちは、学校・職場・地域社会・サークルなど、様々な場に身を置きながら、社会生活を送っている。それら個々の場において、お互いの信頼関係を高め、人間関係を円滑なものにするために、様々な礼儀作法・しきたりが慣習化されている。

　近年は、そうした礼儀作法・しきたりが徐々に簡略化されつつあるが、豊かで潤いの

ある社会生活を送るためには、最低限の知識は頭に入れておく必要がある。

本章では、冠婚葬祭・贈答にかかわる文章表現、主として祝儀袋・不祝儀袋の表書きの書き方と、それに付随するマナーについて、学習することにする。

(1) 水引━━━━◆

水引とは、進物品や祝儀袋・不祝儀袋などに付けられる飾り紐のことを言う。慶事(婚礼・出産・入学・受賞などの各種祝いごと)では、紅白・金銀・金紅など、弔事(葬儀・法要など)では、黒白・黒銀・銀銀(双銀)・黄白などを用いる。

また、用途によって水引の結び方に区別があるので、注意が必要である。婚礼や葬儀などは、二度と繰り返さないという気持ちを込めて、結び直しの出来ない「結び切り」や「あわび結び(あわじ結び)」を使う。また、出産や各種の受賞、入学祝いなどは、今後も何度も繰り返されることを願って「蝶結び(花結び)」を使う。なお、「あわび結び(あわじ結び)」は、広く慶事一般に使うとする立場もあるが、「蝶結び(花結び)」と区別して用いた方が好ましい。☞ p. 64コラム⑨

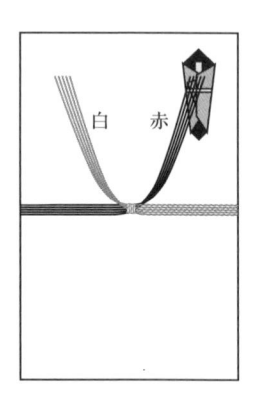

(1)紅白結び切り
（熨斗付き）

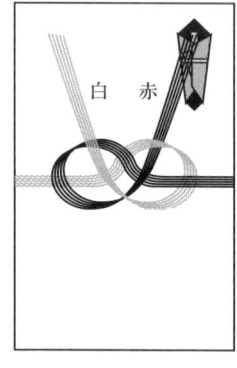

(2)紅白あわび結び
（熨斗付き）

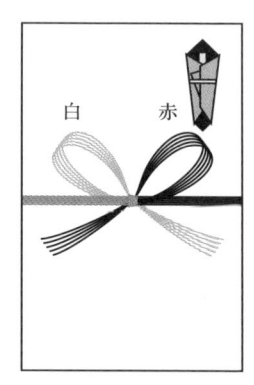

(3)紅白蝶結び
（熨斗付き）

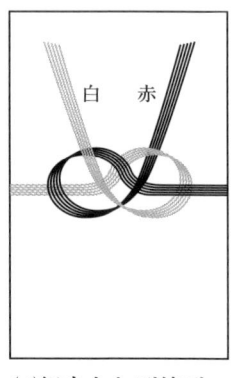

(4)紅白あわび結び
（熨斗なし）

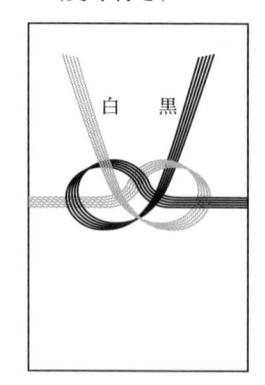

(5)黒白あわび結び
（熨斗なし）

(2) 熨斗（のし）━━━━◆

熨斗とは、熨斗鮑（あわび）の略で、慶事の進物に添えられる品のことである。本来は、鮑の肉

を薄く削いで延ばし、乾燥させたものだったが、現在は黄色の紙で代用することが多い。黄色の紙片を紅白・金銀・金紅などの紙で包み、祝儀袋や進物品の右上や中央に張り付けて用いる。

　なお、熨斗は慶事に限定して用いるのが一般的である。

　進物品の場合は、水引と熨斗を印刷した熨斗紙で代用することも多い。☞ p. 64コラム⑨

(3) 祝儀袋・不祝儀袋の書き方の基本―――――◆

a　慶弔ともに、表面の上段に表書き（「御祝」「御霊前」など）、下段にやや小さめに持参者（自分）の名前を書く。名前の書き方は、「姓だけ」「姓名」「肩書きを添えた姓名」の３通りがあるが、いずれの場合も相手が返しをする時のことを考えて、中袋（中包み）に住所・氏名・金額を書く。冠婚葬祭では、当人以外が開封する場合が多いので、親しい間柄でも中袋には省略せずに書くのが好ましい。

b　筆記用具は毛筆が原則とされ、マジックなどでの代用は避ける。近年は、表書き用の筆ペンも販売されている。なお、慶事は色濃く書き、弔事は薄墨で書くのが慣例となっている地域も多い。表書き用の短冊に書いた場合は、最上部裏面を糊付けして貼付する。

c　複数名で差し出す場合は、３名までは連名で書いてよい。４名以上になる場合は、代表者の氏名だけを書いて、「外一同」「外○名」と書き添える。グループ名を書いて「有志」「一同」と書き添えてもよい。ただし、これらの場合は、中包みに全員の氏名を書く。結婚式などで高額を包む場合は、夫婦や親しい関係にある２人の場合以外は、連名にしないのが好ましい。

(4) 祝儀袋・不祝儀袋の用途別の使い分け―――――◆

　祝儀・不祝儀に用いられる袋には、用途別に細かい区別があるが、ここでは、社会生活を送っていて、頻繁に出会う慶事・弔事・お見舞いを中心に、その使い方を説明する。

　外包みが「たとう折り」になっている場合は、慶事と弔事で、裏面の上下の重なりが逆になるので注意する。慶事は、喜びを上向きに表し、更に吉運が上昇するように上向きで用いる。弔事は、目を伏せて悲しみを下向きに表すために下向きで用いる。お札は「日本銀行券」と書かれて肖像のある面が表面である。慶事では表面を上にして新札を用い、弔事では使用済みのお札を表面を伏せて用いる。

　また、慶事・弔事では、祝儀袋・不祝儀袋をそのまま（裸で）持参するのは不躾とされる。必ず、袱紗に包んで持参する。台付袱紗の場合は、慶弔で台の模様が異なるので注意する。

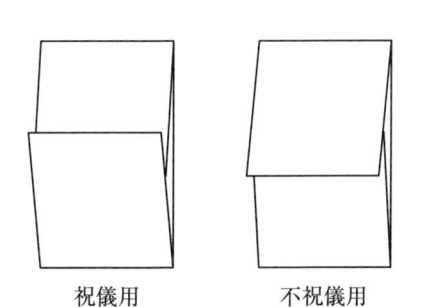

祝儀用　　　　　不祝儀用

① 結婚式

　熨斗付き、結び切りかあわび結びの祝儀袋。表書きは「寿」「御祝」など。結婚式用の祝儀袋は、極端に飾りの付いた豪華なものもあるが、それらは両家の親戚などが高額を包む場合に用いるもので、友人・知人として招かれた場合は、金額に見合った節度あるものを用いる。

② 出産祝い

　熨斗付き、蝶結びの祝儀袋。表書きは「御祝」「御出産祝い」など。なお、「祝い」の「い」は送っても送らなくてもよいが、四字の表書きは「四文字（死文字）」として嫌う場合もあるので、この点に配慮した方が好ましい。「祝」の文字だけやや右上に書き、中央上に「御出産」といった書き方もされる。

③ 病気見舞い

　紅白の水引で、結び切りかあわび結び（熨斗は付けない）。ただし、病気に紅白の水引を用いるのに抵抗があるためか、最近は水引の付いていない赤の帯紙だけのものや、花柄が印刷されたものなども用いられる。表書きは「御見舞」が一般的だが、病人に病気見舞いであることを意識させない配慮から、「御伺い」（主として目上の人に）・「御果物料」という奥ゆかしい書き方もされる。

④ 災害見舞い（出火見舞い・類焼見舞い・地震見舞い・水害見舞いなど）

　水引も熨斗も付けない（白い一重封筒が最適。水引の付いていない病気見舞いの袋での代用も可）。表書きは「御見舞・出火御見舞・類焼御見舞・地震御見舞・水害御見舞」などが一般的である。災害見舞いは、近年の風潮としては、出来るだけ現金を包むのが好ましいとされている。

⑤ 葬儀

　宗派や地域によって慣習が異なるので、その実情にあったものにする。ここでは、一般的なものを記す。すべて不祝儀袋を用いる。宗派がわからない場合の表書きは、やむをえず「御霊前」とするのが無難とされる。

　a 〔仏式〕表書きは「御香典」「御香料」「御霊前」など。一般的には、死後49日を過ぎて仏になるとされるので、葬儀では「御仏前」は用いない。四十九日の法要から「御仏前」を用い、それまでは「御霊前」を用いる。菓子などを持参する場合は、「御供」とする。なお、蓮（はす）の花の模様が入っている不祝儀袋は、仏式でのみ用いる。

　b 〔神式〕表書きは「御榊料」「御玉串料」「御霊前」など。香の代わりに榊の枝（玉串）を供えることに由来する。

　c 〔キリスト教式〕表書きは「御花料」「御霊前」など。

⑥ 各種の謝礼・お年玉など

　お世話になった人へのお礼は、熨斗付きの紅白蝶結びの祝儀袋を用いる（関西地方などではあわび結びもよく使われる）。表書きは、目上の人には「御礼」、その他には「寸志」「薄謝」などを用いる。

　お年玉やチップ（日本式に渡す場合）は、小型の熨斗袋やポチ袋を用いることも多い。

水引が印刷されているものを用いる場合は、蝶結びが好ましい。表書きは、「お年玉」「寸志」などと書くか、表書きなしで渡す。

(5) 年中行事としての贈答―――◆

年中行事として広く一般的に行われている贈答に関する注意事項を以下に記す。

なお、「中元」と「歳暮」は、日ごろお世話になっている人に対して、年2回のあいさつを行うもので、贈り始めたら一定期間は贈り続けるのが礼儀である。お世話になった人に、特にその時期に1回限りの贈り物をしたい場合は、「御礼」と表書きをする。近年は、虚礼廃止の風潮により、社内での中元・歳暮を取りやめている所もあるので、周囲にあわせる配慮が必要である。

金額的には、歳暮の方を中元よりはやや高めの物とし、年1回の贈答にする場合は、中元を廃止するのが一般的である。

① 正月の贈答

〔年賀状〕1月3日まで、遅くとも7日までには届くように出す。8日以降になる場合は、寒中見舞いとして出す。また、年賀欠礼状を出し忘れた人から年賀状が来た場合も、7日を過ぎてから寒中見舞いとして出す。

〔お年玉〕子供や老人、自分より地位の低い人に贈る。熨斗付き蝶結びの祝儀袋や小型の熨斗袋・ポチ袋などで贈る。年少者に贈る場合は、親の見ている所で渡すなり、現金でなく図書券にするなりの配慮も必要である。

② 7・8月の贈答

〔暑中見舞い状〕二十四節気の小暑（7月7日頃）から立秋（8月8日頃）までに出す。それ以降になる場合は、残暑見舞いとなる。

〔残暑見舞い状〕二十四節気の立秋（8月8日頃）以降8月末までに出す。

〔中元〕本来は7月15日を「中元」と呼んだ。そのため、現在では7月に入ってから7月15日まで（8月15日までとする地域もある）に中元の贈答をすることが慣例となっている。紅白の蝶結びの水引で熨斗を付ける。あるいはそれに準じた熨斗紙を用いる。表書きは「御中元」とする。7月15日以降に品物を贈る場合は、立秋までは「暑中御見舞」「暑中御伺い」、それ以降は「残暑御見舞」とする。

③ 12月の贈答

〔歳暮〕12月に入って遅くとも20日までには届くようにする。大みそかギリギリになりそうな場合は、「御年賀」として翌年の松の内（1月7日まで）に届くようにする。中元と同様に、紅白の蝶結びの水引で熨斗付き、あるいはそれに準じた熨斗紙を用いる。表書きは「御歳暮」とする。

〔年賀欠礼状（喪中はがき）〕その年に身内の不幸があった場合は、翌年の年賀のあいさつを辞退し、年内に年賀欠礼状を出す。年賀欠礼状は、相手が年賀状の用意を始めるより前に届くのが好ましく、通常は12月上旬までに届くように配慮する。

水引と熨斗

　水引とは、祝儀袋・不祝儀袋や進物品の中央部に使われている、数本の色つき紐のことである。

　この起源に関しては、諸説ある。神にお供え物をした時の注連縄（しめなわ）が変化したとする説、遣隋使小野妹子の帰朝の際に、同伴した答礼使が携えて来た貢ぎ物の紐にちなむとする説、などである。

　古くは麻などの繊維の束であったが、紙縒（こより）に彩色したものが使われるようになり、室町時代の頃から進物で盛んに用いられるようになった。そして、江戸時代にいたって、進物の種類や目的によって色や結び方の形式が確立した。小笠原流や伊勢流などの武家礼式の流派がこれらを完成させ、細かいしきたりを定めて伝承していったのである。

　現在は、市販の祝儀袋・不祝儀袋・熨斗紙などを用いるのが一般的であるが、それらの製品を扱っている販売店に行ってみると、様々な色と結び方があるのに驚くであろう。また、一定のルールがあることにも気づくと思われる。水引の本数、2色の場合の左右の色の配置など、観察してみるのもおもしろい。

　熨斗は、アワビを干した「延鮑」（のしあわび）を用いて、「長く延びるように」と延寿を祝うものである。したがって、慶事の進物にのみ用いるのが、古来からのしきたりである。ただ近年は、その意匠の面白さやファッション性から、熨斗を付けた不祝儀袋も、一部では売り出されている。

　進物に熨斗をつけるのは、その品物がけがれていない印として「なまぐさもの」を添えたのが起こりとされている。従って、魚介類・鳥・肉類などの「なまぐさもの」を贈る場合は、熨斗は付けないものとされて来たが、近年はこうした習慣も失われつつある。

書き誤りやすい漢字

〔第1回〕　次の①〜⑳の下線部を漢字に改めなさい。
①ゲネツ剤を服用する。
②経済効果をタンテキに示す数字。
③キュウキュウ車を呼ぶ。
④お得意様をショウタイする。
⑤お得意様をショウカイする。
⑥学生をインソツする。
⑦キャッシュカードのアンショウ番号を管理する。
⑧これをケイキに最初からやり直したい。
⑨和洋セッチュウの料理。
⑩会社のコモン。
⑪シンチョウな取り扱いが必要だ。
⑫アットウ的な強さで優勝する。
⑬労働者からサクシュする。
⑭キンコウのとれた財政運営をする。
⑮部下がフショウ事を起こした。
⑯ジャッカン20歳で一家の大黒柱となった。
⑰彼女はオンケンな考えの持ち主だ。
⑱一企業のカセン状態となる。
⑲ハイグウ者に対する税制上の控除。
⑳人にはカンヨウな心で接するべきだ。

〔第2回〕　次の①〜⑳の下線部を漢字に改めなさい。
①通帳の預金残高をショウカイする。
②キンパクした国際関係。
③砂利のウンパン船。
④トラック同士がショウトツ事故を起こす。
⑤ヒンシの状態で発見される。
⑥ここで会うとはキグウですね。
⑦ヨダンを許さない病状。
⑧濡れ手でアワ。
⑨優れたギョウセキをあげる。
⑩ケンヤク生活を続ける。
⑪日本コユウの文化。
⑫シマツ書を提出させる。
⑬カクウの話。
⑭ホンポウな生活。
⑮原野をカイコンして人の住める土地にする。
⑯上司にチクイチ報告する。
⑰カンケンを述べさせていただく。
⑱センモン家に意見を聞く。
⑲支店長のキゲンを損ねてしまった。
⑳うちの課長は責任テンカばかりしている。

〔第3回〕　次の①～⑳の下線部を漢字に改めなさい。

①コクメイな調査が必要だ。

②資金不足で事業がザセツする。

③相手をうまくカイジュウする。

④つまらない品ですが御ショウミ下さい。

⑤大卒初任給にヒッテキする金額。

⑥モケイ飛行機を飛ばす。

⑦人情のキビに触れる。

⑧あの会社はフンショク決算をしていた。

⑨キンケン政治を打破する。

⑩トクメイの投書があった。

⑪フンキして頑張ってほしい。

⑫ガンゼンでの事故に驚いた。

⑬切手のシュウシュウを趣味としている。

⑭暗闇の中でギョウシする。

⑮ダンカイの世代が退職していった。

⑯エシャクをかわす。

⑰テッテイ的に調査する。

⑱前言をテッカイする。

⑲テントをカセツする。

⑳心のキンセンに触れた言葉。

〔第4回〕　次の①～⑳の下線部を漢字に改めなさい。

①先方の申し入れをジュダクする。

②コを描いて飛んでいった。

③ならぬカンニンするがカンニン。

④エイキを養う。

⑤裁判のバイシン員制度の導入を検討する。

⑥損害をバイショウする。

⑦イガイなことに驚く。

⑧古代ローマ帝国時代の捕虜のギャクサツ。

⑨彼はいつもグチをこぼしている。

⑩なかなか時間をサくことができない。

⑪出口に人がサットウする。

⑫借金のトクソク。

⑬グウゾウ崇拝。

⑭このところ疲労がチクセキしている。

⑮大学祭でモギ店を出す。

⑯控え室でタイキしていてください。

⑰カイシンの作に満足する。

⑱何かとベンギを図ってくれる。

⑲彼にはケイルイが多い。

⑳シンケンな面持ちで試験に取り組む。

◆　　　　　　　　　　　　難読語　　　　　　　　　　　　◆

〔第1回〕　次の①〜⑳の下線部の漢字の読みを答えなさい。
　①選挙で<u>遊説</u>して回る。
　②課長の<u>口吻</u>からすると反対のようだ。
　③市の財政が<u>破綻</u>した。
　④ここに<u>捺印</u>してください。
　⑤彼女は私に<u>悪口雑言</u>の限りを尽くした。
　⑥社長の<u>逆鱗</u>に触れる。
　⑦友人関係に<u>軋轢</u>を生じる。
　⑧社内での上意<u>下達</u>。
　⑨貸し借りを<u>相殺</u>する。
　⑩<u>夭折</u>した陶芸家を悼む。
　⑪<u>夭逝</u>した閨秀作家を悼む。
　⑫<u>安堵</u>の表情。
　⑬試供品を<u>頒布</u>する。
　⑭神前での<u>柏手</u>。
　⑮受賞者への<u>拍手</u>。
　⑯<u>蒔絵</u>の美しい汁椀。
　⑰辞書の<u>凡例</u>。
　⑱異例の<u>抜擢</u>。
　⑲良心の<u>呵責</u>。
　⑳相手国の外相に<u>言質</u>を取られる。

〔第2回〕　次の①〜⑳の下線部の漢字の読みを答えなさい。
　①<u>既出</u>の意見。
　②大臣の<u>更迭</u>。
　③こちらの申し出は<u>一蹴</u>された。
　④<u>不束者</u>ですがよろしくお願いいたします。
　⑤派閥の<u>領袖</u>。
　⑥ご指導ご<u>鞭撻</u>のほどよろしくお願い申し上げます。
　⑦原則論に<u>拘泥</u>しすぎる。
　⑧独裁政治の<u>瓦解</u>。
　⑨<u>吹聴</u>してまわる。
　⑩学生としての<u>矜持</u>。
　⑪プロジェクトは<u>画餅</u>に帰した。
　⑫帳簿の<u>改竄</u>。
　⑬<u>一瞥</u>したところ問題はなさそうだ。
　⑭<u>斯界</u>の大物。
　⑮<u>嗚咽</u>をこらえる。
　⑯理想と現実との<u>乖離</u>。
　⑰大企業に<u>比肩</u>する力を持つ会社。
　⑱<u>曖昧</u>な話。
　⑲仕事が<u>一段落</u>する。
　⑳彼女のあの発言は自己<u>韜晦</u>だろう。

〔第3回〕　次の①～⑳の下線部の漢字の読みを答えなさい。
　①○○先生は<u>上戸</u>だ。
　②わたしは<u>下戸</u>です。
　③知識を<u>貪欲</u>に吸収する。
　④<u>杞憂</u>に終わってよかった。
　⑤全体の問題に<u>敷衍</u>して述べる。
　⑥<u>希有</u>な出来事。
　⑦自慢話に<u>辟易</u>した。
　⑧寺院を<u>建立</u>する。
　⑨<u>暫時</u>休憩を取っていただきたい。
　⑩喫煙者人口が<u>漸次</u>減少しつつある。
　⑪若手経営者としての<u>辣腕</u>ぶりを発揮する。
　⑫<u>仄聞</u>したところでは部長に初孫ができたそうだ。
　⑬<u>好事家</u>たちの集まり。
　⑭<u>知音</u>のもとを訪ねる。
　⑮<u>険阻</u>な山道。
　⑯<u>生粋</u>の江戸っ子。
　⑰人員整理に<u>大鉈</u>をふるう。
　⑱あそこは悪の<u>巣窟</u>となっている。
　⑲<u>総花</u>的に予算を配分する。
　⑳<u>阿吽</u>の呼吸。

〔第4回〕　次の①～⑳の下線部の漢字の読みを答えなさい。
　①未来<u>永劫</u>忘れない。
　②注意するのが<u>億劫</u>だ。
　③<u>一矢</u>を報いる。
　④<u>杜撰</u>な計画が財政の破綻を招いた。
　⑤おいしい料理に<u>舌鼓</u>を打つ。
　⑥条約を<u>批准</u>する。
　⑦<u>訥弁</u>だが誠意のこもった話だった。
　⑧<u>外聞</u>をはばかる。
　⑨事の<u>顛末</u>を聞いて驚いた。
　⑩<u>般若</u>のような恐ろしい顔。
　⑪<u>今上</u>天皇のお言葉。
　⑫<u>胡散</u>臭い連中がたむろしている。
　⑬他人に<u>迎合</u>する。
　⑭<u>礎</u>を強固なものにする。
　⑮<u>喧喧囂囂</u>たる非難。
　⑯<u>侃侃諤諤</u>と意見を交わす。
　⑰彼女とは<u>入魂</u>の仲だ。
　⑱烏の<u>行水</u>。
　⑲自分の発言が<u>足枷</u>となった。
　⑳相場の<u>思惑</u>買い。

同音・同訓異義語

〔第1回〕　次の①〜⑩の下線部を漢字に改めなさい。

① a．シュウカン誌を読む。
　 b．交通安全シュウカンのポスターを貼る。
② a．文化勲章をジュショウする。
　 b．芥川賞のジュショウ式。
③ a．選挙のコクジ。
　 b．人相がコクジしている。
④ a．今年もなんとか年をコすことができた。
　 b．限度額をコえており引き落としが出来なかった。
⑤ a．新憲法をコウフする。
　 b．免許証のコウフ。
⑥ a．線路にソった道をひたすら歩いた。
　 b．祖母は祖父と50年連れソった。
⑦ a．退路をタつつもりで頑張りたい。
　 b．密航者が後をタたない。
⑧ a．敵をセめる。
　 b．失敗をセめる。
⑨ a．外国文化をジュヨウする。
　 b．ジュヨウと供給。
⑩ a．この件については審議会でおハカりしたいと思います。
　 b．彼女が便宜をハカってくれたので順調にいった。

〔第2回〕　次の①〜⑨の下線部を漢字に改めなさい。

① a．あの兄弟はタイショウ的な性格だ。
　 b．子供をタイショウとした絵本だ。
　 c．この庭園は左右タイショウだ。
② a．勢力をコジする。
　 b．社長就任をコジする。
③ a．就職を機に過去をセイサンすることにした。
　 b．出口で運賃をセイサンした。
④ a．国が損害をホショウする。
　 b．最低限の生活をホショウする。
　 c．身元ホショウ人になる。
⑤ a．選挙広報の冊子を駅前でハイフした。
　 b．会議の出席者に資料をハイフしてください。
⑥ a．あの二人は革命のドウシといってよいだろう。
　 b．釣りを好きなものドウシすぐに話が合った。
⑦ a．4月に運賃がカイテイされた。
　 b．本のカイテイ版が出版された。
⑧ a．禅寺でシュギョウをすることにした。
　 b．音楽のシュギョウのため外国に留学した。
⑨ a．見解のソウイ。
　 b．参加者のソウイを結集する。

◆　　　　　　　　　　　四字熟語　　　　　　　　　　　◆

〔第1回〕
問1　次の①～⑦の空欄に漢数字を入れて、四字熟語を完成させなさい。
①　（a）期（b）会
②　（c）寒（d）温
③　（e）転（f）倒
④　（g）顧　之　礼
⑤　（h）載　一　遇
⑥　（i）面　楚　歌
⑦　一　日　（j）秋

問2　次の①～⑦の文の空欄に1字を入れて、四字熟語を完成させなさい。
①　（a）紫　水　明
②　（b）天　（c）日
③　（d）我　（e）中
④　言　（f）一　致
⑤　軽　佻　浮　（g）
⑥　和　（h）洋　（i）
⑦　大　器　（j）成

〔第2回〕
問1　次の①～⑦の空欄に漢数字を入れて、四字熟語を完成させなさい。
①　悪　事　（a）里
②　再　（b）再　（c）
③　孟　母　（d）遷
④　（e）日　坊　主
⑤　唯　（f）無　（g）
⑥　破　顔　（h）笑
⑦　（i）菖　（j）菊

問2　次の①～⑨の空欄に1字を入れて、四字熟語を完成させなさい。
①　大　胆　（a）敵
②　（b）言　壮　語
③　曖　（c）模　糊
④　平　穏　（d）事
⑤　本　（c）転　倒
⑥　明　鏡　（f）水
⑦　無　為　（g）食
⑧　老　（h）男　（i）
⑨　朝　令　（j）改

◆　　　　　　　　　　ことわざ・故事成語　　　　　　　　　　◆

□ことわざ
問　次の①～⑩の意味をもつ「ことわざ」をa～jの中から選びなさい。
①　もつれた物事をすっきりと解決すること
②　直接自分に利害関係のないこと
③　働きかけた者が逆に相手に引き入れられること
④　辛くても続けていればいつかは成し遂げられるということ
⑤　負け惜しみで強がりを言うこと
⑥　援助や努力がわずかで効果があがらないこと
⑦　人の好みはさまざまであるということ
⑧　2つの職を兼ねること
⑨　弱者や敗者に同情し声援を送ること
⑩　さしせまったことのために他を顧みる余裕がないこと

a．対岸の火事
b．焼け石に水
c．判官びいき
d．引かれ者の小唄
e．快刀乱麻を断つ
f．蓼食う虫も好きずき
g．背に腹はかえられぬ
h．二足のわらじを履く
i．石の上にも三年
j．ミイラ取りがミイラになる

□故事成語
問　次の①〜⑩の意味をもつ「故事成語」をa〜jの中から選びなさい。
①　弟子が師よりもすぐれていることのたとえ
②　規律も統制もない群衆
③　他人と自分、夢と現実との区別ができない境地
④　人生の幸、不幸は予測し難いこと
⑤　どんなものでも自分の品性・知徳をみがくのに役立つこと
⑥　なすすべがないこと
⑦　弱者が自分の力を考えないで、強者に立ち向かうこと
⑧　隠していたことがあらわになること
⑨　やっと禍をのがれたかと思うとまた禍にあうこと
⑩　用意を充分にして時期の来るのを待ち構えること

a．蟷螂の斧
b．満を持す
c．馬脚をあらわす
d．前門の虎後門の狼
e．胡蝶の夢
f．万事休す
g．青は藍より出でて藍より青し
h．他山の石
i．塞翁が馬
j．烏合の衆

【著者】

庄司達也（横浜市立大学教授）

山岸郁子（日本大学教授）

小野美典（日本大学教授）

安達原達晴（東海大学准教授）

日本語表現法〔新訂版〕

21世紀を生きる社会人のたしなみ

発行日	2019年11月20日　初版第一刷 2025年3月31日　初版第四刷	
著　者	庄司達也・山岸郁子 小野美典・安達原達晴	
発行所	翰林書房	
	〒151-0073　東京都渋谷区笹塚 1 -56-10-911	
	電話　03-6276-0633	
	FAX　03-6276-0634	
	http://www.kanrin.co.jp/	
	E メール●kanrin@nifty.com	
印刷・製本	株式会社 メデューム	

落丁・乱丁本はお取替えいたします

Printed in Japan.　©Shoji & Yamagishi & Ono & Adachibara.

ISBN978- 4 -87737-450- 1

5

10

付録①a（課題１のB）

5

10

学部		学科	専攻 （コース　　　　　　　　　）	評価
学年	クラス	学籍番号	氏名	

5

10

15

20

5

10

15

20

裏につづく

学部		学科	専攻 （コース　　　　　　　　）	評価
学年	クラス	学籍番号	氏名	

付録②

封筒の表　　　　　　　　　　　　　　　封筒の裏

学部		学科		専攻 （コース　　　　　　　）	評価
学年	クラス	学籍番号		氏名	

付録③b

返信用ハガキ表　　　　　　　　　　　　　返信用ハガキ裏

|1|0|1|0|0|5|1|

東京都千代田区神田神保町 1 -14
　　　　　　　鈴木方
　秋山　葉子　行

□□□-□□□□

御出席

御欠席

※いずれかを○でお囲みください

御芳名

御住所

学部		学科	専攻 （コース　　　　　　　）	評価
学年	クラス	学籍番号	氏名	

学部		学科	専攻 (コース　　　　　　　)	評価
学年	クラス	学籍番号	氏名	

5

10

15

20

月　　　日　提出

学部		学科	専攻 (コース　　　　　　　)	評価
学年	クラス	学籍番号	氏名	

5

10

15

20

ア

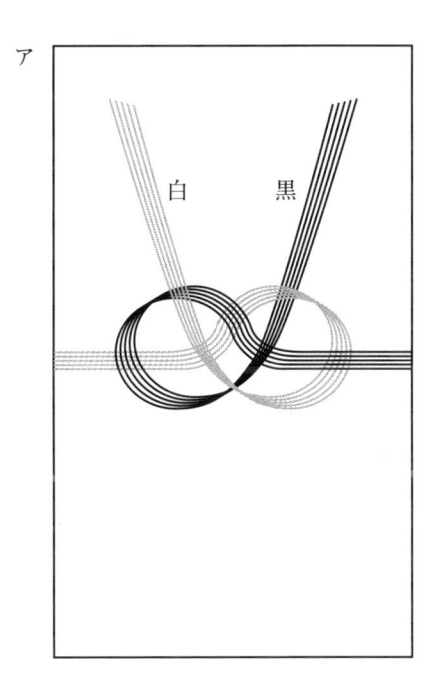

白　　黒

イ

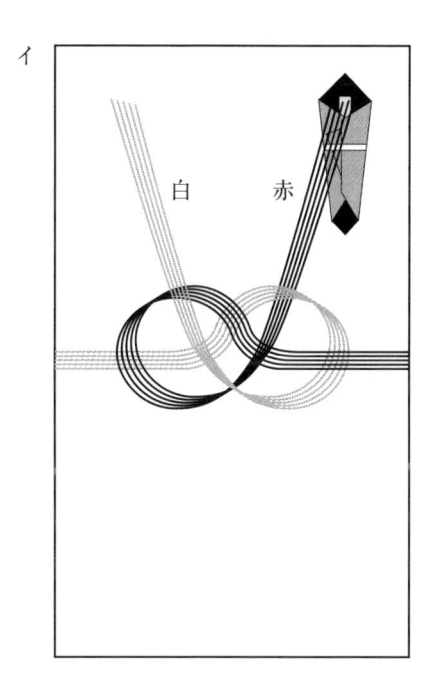

白　　赤

ウ

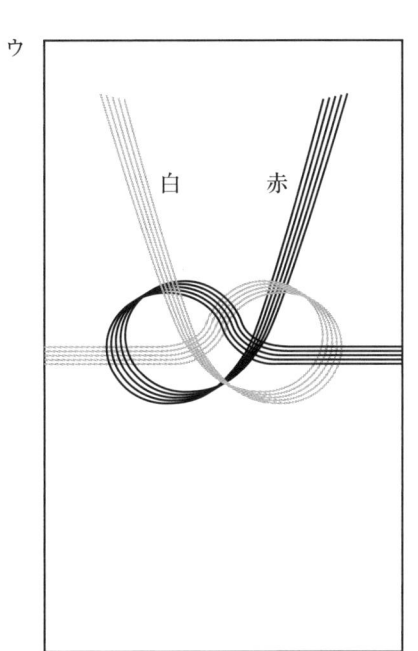

白　　赤

エ

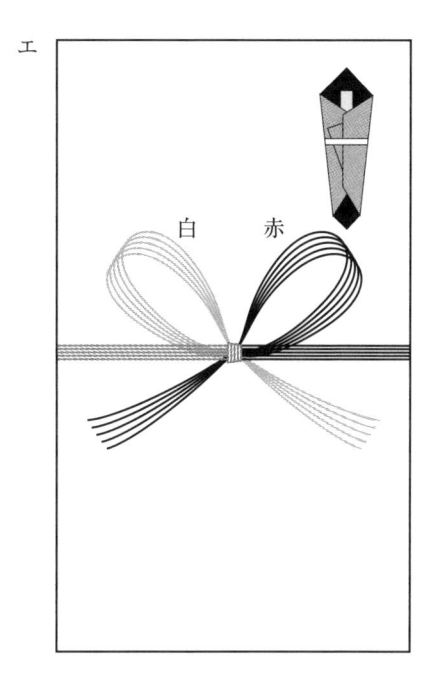

白　　赤

学部		学科	専攻 （コース　　　　　　）	評価
学年	クラス	学籍番号	氏名	

ア
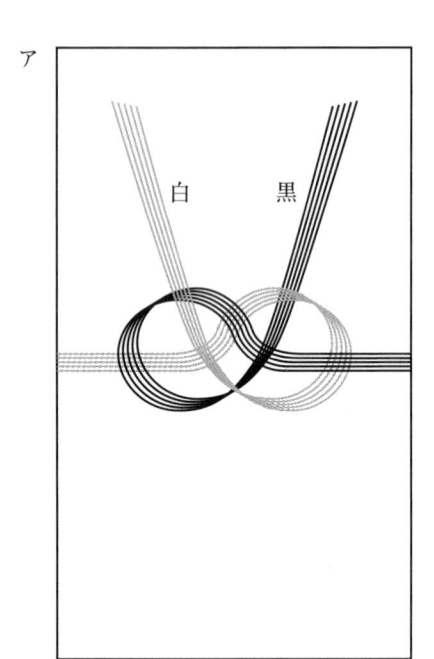
白　黒

イ
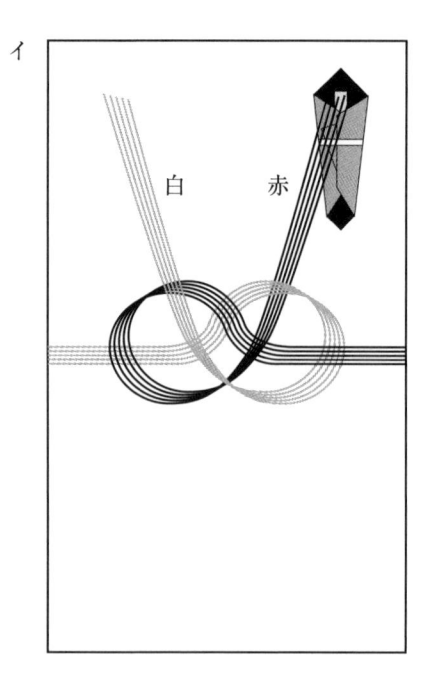
白　赤

ウ
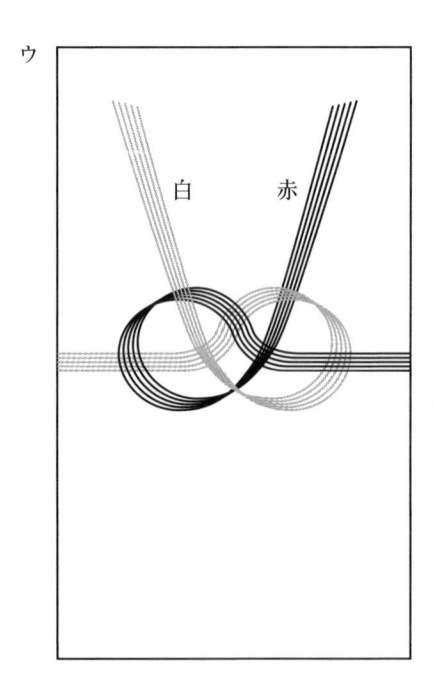
白　赤

エ
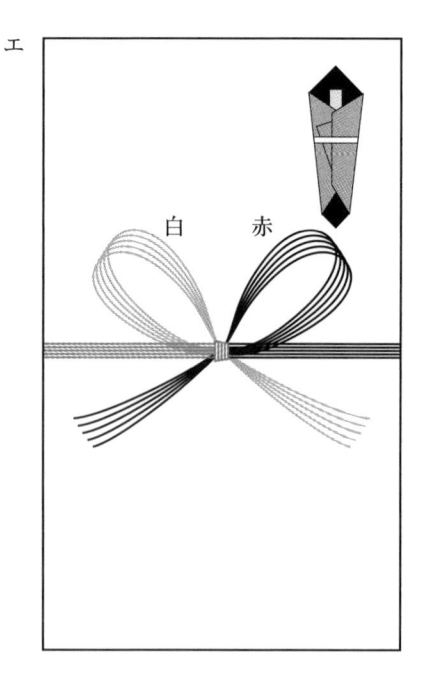
白　赤

学部		学科	専攻 （コース　　　　　）	評価
学年	クラス	学籍番号	氏名	

付録⑦ a　　　　　　　　　　　　　　　　　　月　　日　提出

学部		学科	専攻 (コース　　　　　　　)	評価
学年	クラス	学籍番号	氏名	

付録⑦ b

5

10

15

20

学部		学科	専攻 (コース　　　　　　　　)	評価
学年	クラス	学籍番号	氏名	

5

10

15

20

学部		学科	専攻 （コース　　　　　　　　）	評価
学年	クラス	学籍番号	氏名	

15　　　　　　　　　　10　　　　　　　　　5

学部		学科	専攻 （コース　　　　　　　）	評価
学年	クラス	学籍番号	氏名	

学部		学科		専攻 （コース　　　　　　　　　）	評価
学年	クラス	学籍番号		氏名	

付録⑨b

学部		学科	専攻 (コース　　　　　　　)	評価
学年	クラス	学籍番号	氏名	

◎第1章　まずは書いてみよう

【課題1】

A

> 19世紀の大衆化社会の功罪
> 社会学科　22A0158　佐藤　陽子

B

> 西行説話の形成
> ――『撰集抄』を中心に――
> 文学部日本文学科　○○○1　山田　健1郎

【課題2】（内容の解釈によっては他にも解答が考えられる）

ベルが鳴って、講師は教室から出て行った。ノ
ートを書き落とした所がある。三四郎はインキの付いたペンを振って、隣にいた与次郎が声を掛けようとした。「おい」と、よった。与次郎は、三四郎のノートを引き寄せる。「何だ、こりゃ、これは」という字が上から、stray sheep と書く。「講義を筆記するのがいやになったから、いたずらを書いていた」のがいやになったから、い

◎第2章　よい文章を書くために

【課題1】

A　失敗したプロジェクトの責任者は社長の逆鱗に触れて（怒りを買って）左遷となり、それが課内に飛び火して上を下への大騒ぎとなっている。

B　もし時間をかけて実験データの分析をしていたら、このような結果にはならなかっただろう。

C　（「涙を流しながら」の修飾部分が2通り考えられる）
　　先生は、涙を流しながら立ち去る私たちを、見送ってくれた。
　　先生は立ち去る私たちを、涙を流しながら見送ってくれた。
　　涙を流しながら立ち去る私たちを、先生は見送ってくれた。

【課題2】

　ツバルやモルディブなどの国々はサンゴ礁の島々からなっている。そのため、島の周辺は海もきれいで海洋生物のよい生息地となっており、①それらを目当てとした観光客の人気も高い。②わたしも是非訪ねてみたい。しかし、これらの国々はサンゴ礁ゆえに標高も低く、③海面が上昇して水没する危険性があり、④早急な対策をしたい。

①ツバルやモルディブに対する認識として世界的に共有されていることだが、具体的な数値などが示されると、より客観的な文章となる。

②個人の感想であり、レポートには不要。

③根拠が示されていない。「地球温暖化の影響による極地や氷河の融雪・融氷などにより」等の説明を前置きすることで適切な文章となる。

④「したい」は個人の感想。また、文全体の主語・述語関係が不適切で文章にねじれが生じている。下線部全体を「早急な対策が迫られている」などと改めるとよい。

◎第3章　さあ文章を書いてみよう　＊解答例は省略

◎第4章　インターネットとデジタル機器を用いた文章作成

【課題】

1　×　　2　×　　3　×　　4　×　　5　×　　6　×　　7　×　　8　×　　9　○

10　×

◎第5章　プレゼンテーションをより効果的に　＊解答例は省略

◎第6章　敬語を適切に使おう

【課題】（他にも訂正例は考えられる。代表的なものを挙げる）

A　「出張のお土産です。どうぞご遠慮なさらず<u>お受け取り</u>ください（召し上がってください、ご笑納ください）」

B　「兄が先生の授業はとても興味深かったと<u>申していました</u>」

C　「明日、当社（弊社）の<u>課長の○○</u>がそちらに<u>伺います</u>」

D　「これは私の<u>姉</u>から<u>聞いた話です</u>」

E　「いま○○課長が<u>おっしゃった</u>ことは、まさにその通りです」

F　「こちらは△△先生も一度<u>ご覧になった</u>資料です」

G　「先日、口頭でも<u>お伝えいたしました</u>が（申し上げましたが）」

H　「黒毛和牛のローストビーフでございます。こちらの特製ソースを<u>お付けになって</u>お召し上がりください。（こちらの特製ソースを添えてお召し上がりください）」

【課題1】

封筒の表

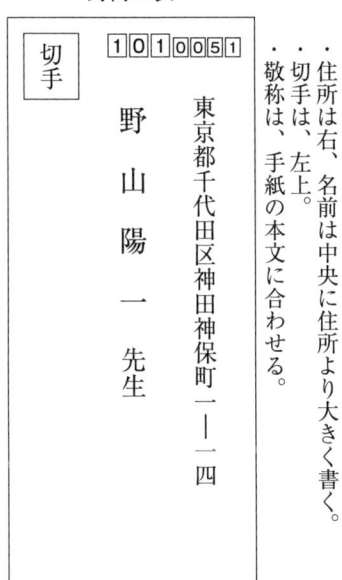

・敬称は、手紙の本文に合わせる。
・切手は、左上。
・住所は右、名前は中央に住所より大きく書く。

封筒の裏

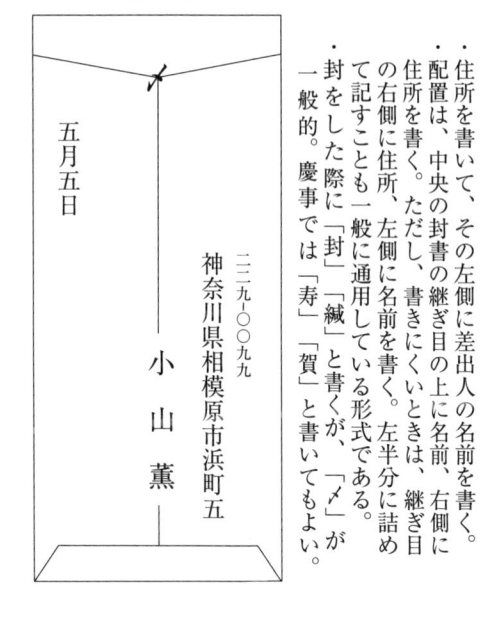

・住所を書いて、その左側に差出人の名前を書く。
・配置は、中央の封書の継ぎ目の上に名前、右側に住所を書く。ただし、書きにくいときは、継ぎ目の右側に住所、左側に名前を書く。左半分に詰めて記すことも一般に通用している形式である。
・封をした際に「封」「緘」と書くが、「〆」が一般的。慶事では「寿」「賀」と書いてもよい。

【課題2】

返信用ハガキ表

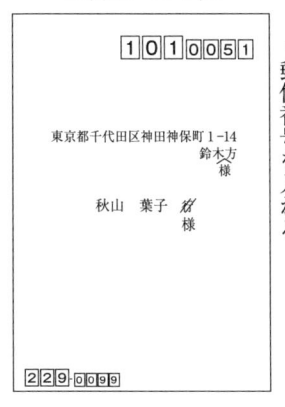

・郵便番号を入れる。
・「行」を2本の斜線で消して、敬称を書く。

返信用ハガキ裏

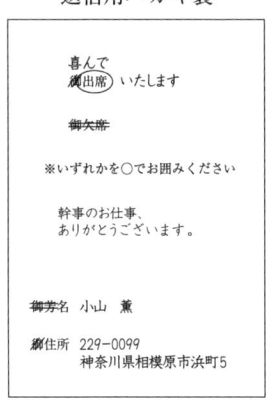

・「御住所」「御芳名」とあれば、「御芳」「御」を2本の線で消す。
・「御出席」「御欠席」は、どちらかを消し、「御」を消す。
・出欠の連絡だけではなく、幹事をねぎらう言葉などを添える。結婚式などの招待状の場合は、お祝いの言葉を添えるのもよい。

93

◎第8章　効果的な電子メールとは？

【課題1】

件名：証券研究会 OB・OG 会のお知らせ

○○大学　証券研究会卒業生の皆様

○○大学経営学部の田中一郎と申します。
本年も例年通り証券研究会の OB・OG 会を開催いたします。
ご多忙とは存じますが、ぜひご出席くださいますようお願い申し上げます。

●日時：令和3年3月27日（土）午後6時〜8時（受付開始：午後5時半）
●場所：○○ホテル3F　寿の間
　　　　・東京都千代田区富士見ヶ丘1－2－3
　　　　・JR 飯田橋駅西口より徒歩1分
　　　　・(03) ××××－××××
　　　　・URL http//www. ○○ hotel.org
●会費：1万円（当日受付にてお支払いください）。
●出欠席につきましては、お手数ですが3月10日（水）まで田中あてにメールにてご回答くださいますようお願い申し上げます。

以上

証券研究会会長
○○大学経営学部3年　田中一郎
　　e-mail:tanaka-ichiro@ ○○ -u.ac.jp
　　携帯電話 090－××××－××××（幹事連絡先）

【課題2】

　(1)B　(2)A　(3)A　(4)B　(5)A

◎第9章　効果的な文章作成　＊解答例は省略

◎第10章　冠婚葬祭・贈答のしきたり

【課題1】

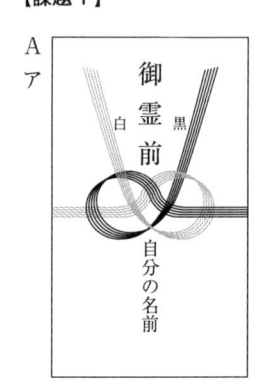

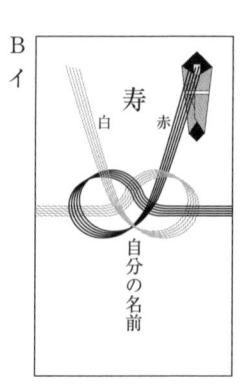

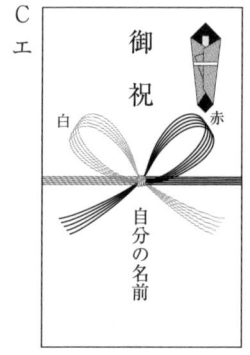

【課題2】

A×（暑中見舞いでの返信が通例）　B○　C○　D○

練 習 問 題 解 答

◎**書き誤りやすい漢字—pp. 65-66**

【第1回】
①解熱（×下熱）②端的（×単的）③救急（×急救）④招待⑤紹介⑥引率（×引卒）⑦暗証（×暗誦・暗唱）⑧契機（×契期）⑨折衷⑩顧問（×顧門）⑪慎重（×深重・深長）⑫圧倒（×圧到）⑬搾取⑭均衡⑮不祥（×不詳）⑯弱冠（×若冠・若干）⑰穏健（×穏建・温健・穏賢）⑱寡占⑲配偶（×配遇）⑳寛容（×慣容・肝要）

【第2回】
①照会（×紹介）②緊迫③運搬（×運般）④衝突⑤瀕死（×頻死）⑥奇遇（×奇偶・奇寓）⑦予断（×余断）⑧粟（×泡）⑨業績（×業積）⑩倹約（×検約）⑪固有（×個有）⑫始末（×仕末）⑬架空⑭奔放⑮開墾（×開懇）⑯逐一（×遂一）⑰管見⑱専門⑲機嫌（×気嫌）⑳転嫁（×転化）

【第3回】
①克明（×刻明）②挫折（×坐折・座折）③懐柔④笑味（×賞味）⑤匹敵（×匹適・必的）⑥模型（×模形）⑦機微（×機徴）⑧粉飾（×粉色）⑨金権（×金券）⑩匿名⑪奮起（×奮気）⑫眼前（×顔前）⑬収集（蒐集も可、×集収・収拾）⑭凝視（×疑視・擬視）⑮団塊（×段階・団魂）⑯会釈（×会尺・得釈）⑰徹底⑱撤回⑲仮設（×架設）⑳琴線

【第4回】
①受諾②弧（×孤・個）③堪忍（×勘忍）④英気（×鋭気）⑤陪審⑥賠償⑦意外（×以外）⑧虐殺⑨愚痴（×愚知）⑩割（×裂）⑪殺到（×殺倒）⑫督促⑬偶像（×偶象・遇像）⑭蓄積（×畜積）⑮模擬（摸擬も可）⑯待機（×待期）⑰会心（×快心）⑱便宜（×便宣）⑲係累（×系累・係類）⑳真剣

◎**難読語—pp. 67-68**

【第1回】
①ゆうぜい②こうふん③はたん④なついん⑤あっこうぞうごん⑥げきりん⑦あつれき⑧かたつ⑨そうさい⑩ようせつ⑪ようせい⑫あんど⑬はんぷ⑭かしわで（「拍手」とも書く）⑮はくしゅ⑯まきえ⑰はんれい⑱ばってき⑲かしゃく⑳げんち

【第2回】
①きしゅつ②こうてつ③いっしゅう④ふつつかもの⑤りょうしゅう⑥べんたつ⑦こうでい⑧がかい⑨ふいちょう⑩きょうじ（「矜恃」とも書く）⑪がべい⑫かいざん⑬いちべつ⑭しかい⑮おえつ⑯かいり⑰ひけん⑱あいまい⑲いちだんらく⑳とうかい

【第3回】
①じょうご②げこ③どんよく（「とんよく」も可、「貪慾」とも書く）④きゅう⑤ふえん（「布衍・敷延」とも書く）⑥けう（「稀有」とも書く）⑦へきえき⑧こんりゅう⑨ざんじ⑩ぜんじ⑪らつわん⑫そくぶん（側聞とも書く）⑬こうずか⑭ちいん⑮けんそ⑯きっすい⑰おおなた⑱そうくつ⑲そうばな⑳あうん

【第4回】
①えいごう②おっくう③いっし④ずさん⑤したつづみ⑥ひじゅん⑦とつべん⑧がいぶん⑨てんまつ⑩はんにゃ⑪きんじょう⑫うさん⑬げいごう⑭いしずえ⑮けんけんごうごう⑯かんかんがくがく⑰じっこん（「昵懇・昵近」とも書く）⑱ぎょうずい⑲あしかせ⑳おもわく

◎**同音・同訓異義語—p. 69**

【第1回】
①a 週刊　b 週間　②a 受章　b 授賞　③a 告示　b 酷似　④a 越　b 超　⑤a 公布　b 交付　⑥a 沿　b 添　⑦a 断　b 絶　⑧a 攻　b 責　⑨a 受容　b 需要　⑩a 諮　b 図

①a 対照　b 対象　c 対称　②a 誇示　b 固辞　③a 清算　b 精算　④a 補償　b 保障　c 保証
⑤a 配布　b 配付　⑥a 同志　b 同士　⑦a 改定　b 改訂　⑧a 修行　b 修業　⑨a 相違　b 総意

◎四字熟語—p. 70

【第1回】
問1　①a 一　b 一　②c 三　d 四　③e 七　f 八　④g 三　⑤h 千　⑥i 四　⑦j 千
問2　①a 山　②b 青　c 白　③d 無　e 夢　④f 行（文）　⑤g 薄　⑥h 魂　i 才　⑦j 晩

【第2回】
問1　①a 千　②b 三　c 四　③d 三　④e 三　⑤f 一　g 二　⑥h 一　⑦i 六　j 十
問2　①a 不　②b 大　③c 昧　④d 無　⑤e 末　⑥f 止　⑦g 徒　⑧h 若　i 女　⑨j 暮

◎ことわざ・故事成語—pp. 70-71

□ことわざ
問　①e　②a　③j　④i　⑤d　⑥b　⑦f　⑧h　⑨c　⑩g
□故事成句
問　①g　②j　③e　④i　⑤h　⑥f　⑦a　⑧c　⑨d　⑩b